RENOVACIÓN CARISMÁTICA CATÓLICA

"Este libro es un gran recurso tanto para los líderes de la Renovación Carismática como para todos aquellos que desean conocer más de este movimiento. Andrés Arango, basado en sus años de servicio en estructuras eclesiales y como líder a nivel internacional en la Renovación, ha sido capaz de presentar la realidad de esta 'corriente de gracia' mostrando las oportunidades que la Iglesia en general tiene de involucrar este movimiento en el servicio de la evangelización."

Obispo Nelson J. Perez
Obispo de Cleveland

"Pocos Católicos hoy día han comprendido plenamente el enorme potencial de la Renovación Carismática para la evangelización de la comunidad Católica Hispana en los Estados Unidos ni, por otra parte, el dinamismo que los Católicos Hispanos traen a la Renovación Carismática. La obra de Arango es un recurso importante tanto para párrocos como para líderes laicos, ya que explica por qué 'esta corriente de gracia' es para todos y como podemos eficazmente integrarla en la vida de la Iglesia."

Mary Healy
Profesora del Seminario Mayor del Sagrado Corazón

"*Renovación Carismática Católica* es un tesoro para todos los que queremos apreciar, participar y construir puentes pastorales con esta fuerza de renovación en nuestra Iglesia Católica."

Timoteo Matovina
Autor de *Ministerio hispano: Una introducción*

RENOVACIÓN CARISMÁTICA CATÓLICA

Una corriente de gracia

ANDRÉS ARANGO

Ave Maria Press AVE Notre Dame, Indiana

Nihil Obstat: Reverend Jason T. Rocks, S.T.L.
Censor Librorum
13 de agosto de 2018

Imprimatur: Most Reverend Dennis J. Sullivan, D.D.
Obispo de Camden
8 de septiembre de 2018

El *Nihil Obstat* e *Imprimatur* son declaraciones oficiales de que un libro está libre de errores doctinales y morales. Aún así, tal afirmación no implica que quienes han concedido el *Nihil Obstat* e *Imprimatur* estén de acuerdo con el contenido, opinions, o declaraciones expresadas.

Las citas bíblicas provienen del texto *El Libro del Pueblo de Dios*, Buenos Aires, AR: Editorial San Pablo, 1990.

La editorial Ave Maria Press, fundada en 1865, es un ministerio de la Provincia de los Estados Unidos de la Congregación de la Santa Cruz.

www.avemariapress.com

Libro de bolsillo: ISBN-13 978-1-59471-831-1

Libro electrónico: ISBN-13 978-1-59471-832-8

Foto de la portada: © fstop123/Getty Images.

Diseño de la portada y de texto: Andy Wagoner

Impreso y empastado en los Estados Unidos de América.

Contenido

Introducción

Al empezar a escribir la introducción a este libro *Renovación Carismática Católica: Una corriente de gracia*, me encuentro hospedado en la habitación al lado de la cual vivió y falleció la beata Elena Guerra, en Lucca, Italia. Ha sido un día de muchas gracias para mi vida personal, ya que le debo a esta *corriente de gracia* el haberme llevado a encontrarme con Jesús, a enamorarme de Él y a la vez ser consciente de la presencia del Espíritu Santo en mi vida. Si nos abrimos a la acción del Espíritu, Él nos llena de sus gracias para ser testigos fieles del amor de Dios.

La beata Elena es considerada la pionera de la época moderna en hacer consciente a la Iglesia de la presencia y acción del Espíritu Santo en nuestras vidas. Sintiendo el llamado de Dios a esta misión de promover la devoción al Espíritu Santo, alrededor de 1886, escribe varias cartas al Papa León XIII, el cual las responde de una manera pública, escribiendo varios documentos, siendo el más importante entre ellos la encíclica sobre el Espíritu Santo, *Divinum Illud Munus*, en el año 1897. Es así que el Papa León XIII, al reunirse personalmente con Elena, le concede cambiar el nombre de la congregación que había fundado para llamarse Oblatas del Espíritu Santo. A su vez, motivado por la beata, consagra el siglo XX al Espíritu Santo y motiva a que se realice la novena de Pentecostés. La primera beatificación que realizó el Papa Juan XXIII, fue la de la beata Elena en 1959, a quien llamó la Apóstol del Espíritu Santo.

Es hermoso el poder sentir de una manera especial, aquí en la casa madre de la congregación fundada por la beata Elena, la presencia del Espíritu de Dios. Al orar este día frente a su cuerpo y en la habitación donde entregó su alma a Dios el Sábado Santo de 1914, Vigilia Pascual, he experimentado una presencia nueva del Espíritu de Dios, que renueva mi vida y me impulsa por medio de esta corriente de gracia a motivar a más personas a que reciban la experiencia del bautismo en el Espíritu Santo. Hoy al tener sus escritos originales frente a mí, me resulta demasiado difícil escoger un solo texto para esta introducción, pero quiero citar uno que creo marca el camino de la misión de la Renovación Carismática:

> Pentecostés recuerda a los cristianos la continua presencia del Espíritu Santo en la Tierra. Por lo tanto, esta solemnidad no es sólo la conmemoración de un evento que sucedió en el pasado, sino que es la afirmación de una realidad perenne del Espíritu Santo, porque su venida en Pentecostés no fue una aparición pasiva, sino un real y verdadero habitar dentro de nosotros, ya que Él está ahora entre nosotros no menos de como Él estuvo en el Cenáculo el día de Pentecostés, aunque de una manera inaccesible a nuestros sentidos. Nuestro Salvador nos ha asegurado esta presencia y habitación del Espíritu Santo (cf. *Jn* 14,16–17).[1]

Muchos líderes mundiales de la Renovación Carismática Católica vemos a la beata Elena como una de las precursoras que abrió el camino a esta corriente de gracia. Por eso este libro pretende dar a conocer elementos fundamentales y prácticos de cómo en las últimas cinco décadas la Renovación Carismática ha ayudado a millones de personas alrededor del mundo a ser conscientes de la presencia del Espíritu Santo en sus vidas y a dejarse conducir por Él.

Este libro pretende ser un instrumento, para que, aquellos que desean conocer más de la Renovación Carismática Católica (RCC), puedan tener elementos concretos para entender esta corriente de gracia; y aquellos que formamos parte de ella podamos profundizar para ser fieles a nuestra identidad y misión. Para ello comenzaremos profundizando en algunos momentos claves de la historia de la RCC, para entender de dónde venimos y a la vez conocer lo que Dios ha hecho a través de ella en éstos más de cincuenta años. Me gusta mencionar que no vemos la historia como algo que simplemente tuvo lugar en el pasado; invito de manera especial a cada uno de los que se consideran parte de esta corriente de gracia a que nos sintamos parte fundamental para continuar escribiendo esta historia de las maravillas del Espíritu Santo en nuestras vidas e Iglesia. Jamás olvidaré más de veinte años atrás cuando después de una sanación extraordinaria que Dios hizo en la vida de mi papá, fui a agradecerle en un grupo de oración y puedo decir que, por primera vez, a mis dieciocho años de edad, realmente me encontré con Jesús. Lo había conocido de una manera teórica, siendo "católico de nacimiento", estudiando en un colegio católico, participando en la Misa cada semana, pero la RCC me ayudó a enamorarme de Jesús, y todo lo que había aprendido sobre Él, cobró sentido en mi vida. Ya no era Jesús simplemente algo histórico, sino Dios real quien sigue vivo en medio de nosotros, mostrando las maravillas de su amor.

En el segundo capítulo, nos concentraremos en analizar la identidad de la RCC. Tal vez existan diversas malas interpretaciones de esta corriente de gracia. Por una parte, están los que sólo conocen las expresiones externas de su espiritualidad, pero no han tenido la oportunidad de estudiar en detalle el Plan de Dios con esta realidad. Por otro lado, estamos aquellos que hemos tenido la gracia de ser parte de la RCC, pero que por alguna circunstancia no hemos sido fieles a su naturaleza, perdiendo muchas veces nuestra verdadera identidad carismática. Por lo tanto, este capítulo pretende analizar en detalle lo que significa la RCC. El Papa Francisco, en varios de sus discursos a la RCC ha recordado y ubicado su identidad. Desde su primer discurso oficial como Papa a la RCC en el Estadio Olímpico de Roma en junio de 2014 dijo: "Vosotros, Renovación Carismática, habéis recibido un gran don del Señor. Habéis nacido de una voluntad del Espíritu Santo como 'una corriente de gracia en la Iglesia y para la Iglesia'. Ésta es vuestra definición: una corriente de gracia".[2] El Papa nos recuerda la identidad propia de la RCC, citando al primer director espiritual mundial, el cardenal León-Joseph Suenens, quien frente al Papa Pablo VI en la Plaza de San Pedro en 1975 dijo:

> Que la Renovación Carismática puede desaparecer como tal y transformarse en una gracia pentecostal para toda la Iglesia: para ser fiel a su origen, el río debe perderse en el océano. El primer error que se debe evitar es incluir la Renovación Carismática en la categoría de movimiento. No es un movimiento específico, la Renovación no es un movimiento en el sentido sociológico común, no tiene fundadores, no es homogéneo e incluye una gran variedad de realidades, es una corriente de gracia, un soplo renovador del Espíritu para todos los miembros de la Iglesia, laicos, religiosos, sacerdotes y obispos. Es

> un desafío para todos nosotros. Uno no forma parte de la Renovación, sino más bien la Renovación llega a ser una parte de nosotros, con el pacto que aceptemos la gracia que nos ofrece.[3]

La RCC tiene una misión específica en el Plan de Dios. La gente identifica comúnmente a la RCC con personas que oran en lenguas, danzan, alzan las manos en oración, etc. Y sí, todo esto es parte de cómo manifestamos nuestra espiritualidad, pero la RCC va más allá: tiene objetivos concretos, los cuales nos llevan a cumplir la misión que Dios nos ha dado. Por esta razón, en el capítulo tercero analizaremos cada uno de estos objetivos para poder entender el desarrollo pastoral de la RCC. Recuerdo la primera vez que fui a un grupo de oración: pasé la primera media hora solo observando la gente cantar, alabar y yo inmóvil en mi silla con los brazos cruzados. Pero luego de oír a un laico predicar la Palabra de Dios y posteriormente ver a las personas orar en lenguas, profetizando, orando por sanaciones, me parecía que estaba viviendo en la época de las primeras comunidades cristianas y entendí que el Espíritu de Dios sigue moviéndose y haciendo maravillas en medio de su Iglesia. Sin embargo, a través de los años he entendido que la RCC va más allá de los signos externos. Es un estilo de vida, que nos lleva a vivir movidos por el Espíritu Santo para imitar a nuestro Señor Jesús. El Papa Francisco es un testigo de cómo el conocer la RCC le ayudó a entender su misión:

> en los primeros años de la Renovación Carismática en Buenos Aires, yo no quería mucho a estos carismáticos. Yo les decía: "Parecen una escuela de samba". No compartía su modo de rezar y tantas cosas nuevas que sucedían en la Iglesia. Después, comencé a conocerlos y al final entendí el bien que la Renovación Carismática hace a la Iglesia. Y esta

> historia, que va de la "escuela de samba" hacia adelante, termina de un modo particular: pocos meses antes de participar en el Cónclave, fui nombrado por la Conferencia Episcopal asistente espiritual de la Renovación Carismática en Argentina.[4]

A su vez, el Papa Francisco en la Vigilia de Pentecostés del 2017, celebrando el jubileo de oro de la RCC, expresó lo que debe ser la misión de la RCC en sí, mencionando lo que él y la Iglesia esperan de esta corriente de gracia: "Compartir con todos en la Iglesia el bautismo en el Espíritu Santo, alabar al Señor sin cesar, caminar juntos con los cristianos de diferentes iglesias y comunidades cristianas en la oración y la acción por los que más lo necesitan. Servir a los más pobres y enfermos: eso espera la Iglesia y el Papa de vosotros".[5]

Tuve la gracia de conocer la RCC en mi país natal Colombia y allí comenzar a formarme y servir a Dios en esta corriente de gracia. Al venir a los Estados Unidos de América, una de las primeras cosas que hice fue vincularme a un grupo de oración y Dios, que siempre es fiel, ha sido demasiado bueno en darme la bendición de servirlo dentro de la Iglesia de maneras que nunca pude imaginar. Es así, que en el capítulo cuarto, cuando veamos lo que la RCC ha significado para la comunidad hispana de los Estados Unidos, lo que haré, es básicamente una reflexión de mi propia experiencia pastoral alrededor de este país, pero que muy seguramente en gran parte es un reflejo de lo que la RCC ha desarrollado en Latinoamérica y en el mundo entero. Este capítulo cobra una importancia especial debido a la gran cantidad de hispanos católicos en Estados Unidos y considerando a su vez que la mayoría de carismáticos católicos a nivel mundial están concentrados en América Latina.

Como mencioné anteriormente este libro está diseñado para dos grupos específicos. Por un lado, los miembros de la RCC y por el otro todos aquellos que desean conocer esta corriente de gracia. Es así, que el último capítulo brinda algunas ideas de cómo construir puentes entre la RCC y las estructuras eclesiales. Dios me ha dado la gracia de ser un servidor dentro de la RCC, pero a la vez poder trabajar para una diócesis como delegado del obispo para el ministerio hispano y director de evangelización. Por esto, constantemente me muevo en tres mundos pastorales: la RCC, la comunidad hispana y la evangelización en general. Esto me ha dado la oportunidad de conocer dos ambientes pastorales que muchas veces parecen muy distantes: lo que sucede en los diferentes movimientos eclesiales, incluyendo la realidad de la RCC y lo que sucede en las estructuras eclesiales. Este capítulo pretende proveer herramientas para que la corriente de gracia pueda encontrar su misión dentro de la Iglesia en general y a su vez para que los líderes eclesiales puedan darle una mayor cabida a la RCC, para juntos llevar el amor de Dios a tantos que están sedientos de Él. Así que deseo citar un par de mensajes del Papa Francisco respecto a esta integración. El primero lo mencionó en la Plaza de San Pedro, el 3 de julio de 2015: "La experiencia común del bautismo en el Espíritu Santo y el vínculo fraterno y directo con el obispo diocesano, porque el todo es más que la parte".[6] A su vez, a los sacerdotes y obispos en el tercer retiro mundial de sacerdotes les dijo: "Y, hablando de dispensadores de la gracia, les pido a todos y cada uno que, como parte de la corriente de gracia de la Renovación Carismática, organicen Seminarios de Vida en el Espíritu en sus parroquias, seminarios, escuelas, y en los barrios, para compartir el bautismo en el Espíritu. En la catequesis para que se produzca por obra del Espíritu Santo el encuentro personal con Jesús que nos cambia la vida".[7]

El Espíritu Santo nos dé su luz para poder penetrar en las maravillas que El mismo ha hecho a través de esta corriente de gracia. Que a la vez nos ayude a todos los que nos consideramos parte de esta corriente a ser fieles a su misión y a los que servimos en la Iglesia, a que seamos instrumentos de unidad en la evangelización, motivados por las palabras del mismo Papa Francisco: "Espero de vosotros que compartáis con todos, en la Iglesia, la gracia del bautismo en el Espíritu Santo". Y nos reiteró que: "Esta corriente de gracia es para toda la Iglesia, no sólo para algunos".[8]

María de Pentecostés interceda por cada uno de nosotros delante de su Hijo y Señor nuestro Jesús para ser fieles discípulos misioneros movidos siempre por el Espíritu Santo.

1

Historia de la Renovación Carismática Católica

En los años sesenta en los Estados Unidos comenzó una reforma católica, un nuevo catolicismo. Los cambios sociales y culturales que surgieron en el contexto de la Guerra Fría transformaron a la nación e igualmente afectaron al catolicismo romano en el país; los católicos anglosajones tuvieron que lidiar con cambios en su sociedad, pero también con los cambios iniciados por el Concilio Vaticano II (1962–1965). Varias organizaciones y movimientos reformistas comenzaron en la sociedad norteamericana, especialmente dentro de la Iglesia católica. Uno de estos movimientos fue la Renovación Carismática Católica (RCC), cuyo nacimiento se dio en los Estados Unidos, expandiéndose después a todos los continentes.

El catolicismo anglosajón fue influenciado durante muchas décadas por corrientes provenientes de otros países especialmente de Europa; sin embargo, la RCC es un regalo que este país dio a los católicos alrededor del mundo. El presente capítulo provee una historia general de la RCC en los Estados Unidos y su expansión alrededor del mundo. Posteriormente se concentrará en la historia de la RCC en la población hispana del mencionado país.

Antecedentes de la RCC

Diferentes factores prepararon el camino inicial de la RCC. Los tres factores más importantes son: las iglesias pentecostales, la renovación carismática en las iglesias protestantes y el Concilio Vaticano II. El pentecostalismo moderno que comenzó en Azusa Street (Los Ángeles, California) en 1906, trajo una nueva efusión y conocimiento del Divino Espíritu en el mundo presente, enfocándose en el bautismo en el Espíritu Santo con su derramamiento de dones y carismas extraordinarios, los cuales son para todo el mundo y para la edificación de la Iglesia. Esto llevó a un nuevo entendimiento de la pneumatología en la Iglesia católica: que los carismas no están reservados para un grupo de "personas santas" sino que por el contrario son para todos aquellos que se abran a la acción del Espíritu Santo. Más aun, el Divino Espíritu los distribuirá cuando y como Él desee.

En el comienzo, la renovación carismática en las iglesias protestantes en los años cincuenta no fue fácilmente aceptada, especialmente por el clero de las iglesias más tradicionales. Ellos rechazaron algunos dones extraordinarios, en particular el hablar en lenguas, pero todas estas luchas fueron preparando el camino para la Renovación carismática en la Iglesia católica. Como resultado, muchos católicos asistieron a grupos de oración carismáticos protestantes, recibiendo allí el bautismo en el Espíritu Santo, llevando luego esta experiencia al catolicismo.

El tercer factor clave fue el Concilio Vaticano II. En 1962 el "Papa Bueno" Juan XXIII convocó el Concilio en la Iglesia católica y pronunció las siguientes palabras: "Divino Espíritu renueva tus prodigios en nuestros tiempos, como un nuevo Pentecostés" y muchos católicos carismáticos típicamente han visto a la RCC como una respuesta a esta oración.[1] En ese momento el Romano Pontífice no estaba pensando en la RCC como tal, pero muchos de los temas que surgieron en el Concilio Vaticano II han llegado a ser una realidad dentro de este movimiento. Algunos de ellos son: el papel de los laicos en la vida de la Iglesia, la importancia de los dones carismáticos, la actividad ecuménica, etc.

Casa de retiro "El Arca y la Paloma", Pittsburg, Pennsylvania

El *Cursillo de Cristiandad* jugó un papel fundamental en los inicios de la RCC. En 1966 un gran número de líderes de este movimiento se reunieron en su conferencia anual y el deseo de experimentar una nueva renovación en la Iglesia católica romana fue evidente. Pero el inicio oficial de la RCC fue en Pittsburg, Pennsylvania, cuando dos jóvenes profesores laicos del Departamento de teología de la Universidad Duquesne se sintieron muy interesados en el movimiento pentecostal después de haber leído un par de libros: "La Cruz y el Puñal" de David Wilkerson y "Ellos hablan en otras lenguas" de John Sherrill, donde aprendieron acerca de los efectos del bautismo en el Espíritu Santo. Motivados por esta experiencia, visitaron un grupo de oración carismático que se reunía en la casa de una mujer presbiteriana. En su segunda visita a este grupo de oración, ellos recibieron la típica experiencia pentecostal, incluyendo el hablar en lenguas.

Ambos profesores, junto con otros miembros, organizaron un retiro espiritual en febrero 17 al 19 de 1967 en la casa de retiros "El Arca y la Paloma". Fue un evento de tres días para aproximadamente treinta personas. Antes del retiro, los estudiantes tenían que leer el libro “La Cruz y el Puñal” mencionado anteriormente, y los primeros cuatro capítulos del libro de los Hechos de los Apóstoles. Durante el fin de semana de Duquesne, una docena de los estudiantes experimentaron el bautismo en el Espíritu Santo en diferentes maneras—especialmente en la noche del sábado. Patty Gallagher, una de las estudiantes presentes en aquel retiro, comparte varios testimonios de las personas que estuvieron ahí en su libro “Como un nuevo Pentecostés”. A continuación se señala una parte del testimonio de Annamarie Nacko Cafardi:

> Pronto la capilla estaba casi llena, a pesar de que habíamos programado una celebración de cumpleaños, no un servicio en la capilla. Nuestros dos profesores asesores se movieron entre nosotros, nos impusieron las manos y oraron. Algunas personas empezaron a orar en lenguas, algo que yo no había escuchado nunca. Otros estuvieron alabando y muchos con lágrimas. Nadie detuvo el proceso para instruirnos en cómo recibir el bautismo en el Espíritu Santo o el don de lenguas. Nosotros éramos estudiantes de pregrado, estudiantes de postgrado y profesores provenientes de una gran universidad católica urbana viviendo la experiencia y el poder de Dios de una manera extraordinaria. Nosotros no éramos personas que estuvieran acostumbradas a expresar nuestra fe de una manera emocional, y sin embargo algo sucedió que transformó nuestras vidas.[2]

Éste fue el comienzo del primer grupo de oración carismático católico. El movimiento se extendió rápidamente debido a que se inició en un campo universitario, y en segundo lugar a que fue promovido por profesores y estudiantes jóvenes de la universidad.

Otras universidades y figuras importantes

A comienzos de marzo de 1967 un visitante de Duquesne trajo la RCC a la Universidad de Notre Dame. Dos recientes graduados de Notre Dame, Ralph Martin y Stephen Clark, fueron a Duquesne interesados en las cosas que estaban sucediendo. Después de que ellos recibieran el bautismo en el Espíritu Santo, continuaron hacia la Universidad de Michigan y fundaron allí un nuevo grupo de oración. Luego la RCC se expandió a la Universidad de Iowa y otros campos universitarios del medio oeste. En abril de 1967, alrededor de cien estudiantes se reunieron para un retiro de fin de semana en Notre Dame. Ésta fue la primera vez que los medios de comunicación trajeron a la audiencia pública la existencia del "Pentecostalismo Católico" cuando el *National Catholic Reporter* en abril 19 de 1967 y *Our Sunday Visitor* en mayo 14 de 1967 publicaron estas experiencias. Las noticias se expandieron durante las vacaciones del verano cuando los estudiantes regresaron a sus casas y compartieron estas experiencias. La RCC fue conocida en muchos lugares de los Estados Unidos. En septiembre de 1967 Martin y Clark fueron a trabajar a la Universidad de Michigan en Ann Arbor. Allí, ellos compartieron estas vivencias y, como resultado, Ann Arbor junto con South Bend, Indiana, han sido los lugares más influyentes para este movimiento dentro de los Estados Unidos.

Durante los años siguientes Martin se concentró más en organizar la estructura de la RCC, convirtiéndose en el primer presidente internacional de *International Catholic Charismatic Renewal Services* (ICCRS), en español "Servicios Internacionales de la Renovación Carismática Católica", y se trasladó a Bruselas, Bélgica a trabajar junto con el cardenal León-Joseph Suenens, una importante figura durante el Concilio Vaticano II, quien fue nombrado por el Papa Pablo VI para ser el primer director espiritual mundial de dicho movimiento. Más recientemente, el enfoque principal de Martin ha sido expandir esta corriente de gracia evangelizando en África y el este de Europa a través de su organización *Renewal Ministries*. Clark desarrolló el bien conocido "Seminario de Vida en el Espíritu" o "Seminario de Iniciación" en el cual las personas son introducidas a la RCC y reciben el bautismo en el Espíritu Santo. Más tarde Clark se sintió muy atraído hacia las comunidades de alianza y fundó una de las comunidades más importantes *Word of God*, la cual actualmente está expandida alrededor de todo el mundo.

Expansión (reuniones de oración, conferencias, comunidades de alianza y revistas)

La RCC continuó expandiéndose en Estados Unidos especialmente a través de los grupos de oración, conferencias regionales y nacionales y comunidades de alianza. Los grupos de oración son reuniones semanales en parroquias o casas en los cuales las personas alaban a Dios, meditan su Palabra y ejercitan los dones y carismas. De la misma manera, la RCC comenzó a organizar y a promover grandes conferencias haciéndolas más visibles, primero a nivel nacional y luego regional. Las conferencias nacionales comenzaron en Notre Dame en 1967; la segunda conferencia en marzo de 1968 tuvo 150 participantes especialmente provenientes de los estados del medio oeste de los Estados Unidos. El Padre Kilian McDonnell, un monje Benedictino de la universidad Saint John's en Collegeville,

Minnesota, estuvo presente en esta conferencia como simple observador; sin embargo posteriormente, él jugó un papel importante en la aprobación de este movimiento por la Conferencia Nacional de Obispos Católicos.

La asistencia a las conferencias nacionales en Notre Dame nos da una visión general del rápido crecimiento de la RCC, especialmente durante la década de los setenta. En 1969, había 450 participantes de diferentes partes de los Estados Unidos y Canadá; en 1970, 1.300 participantes; en 1971, 5.000 personas, incluyendo participantes de once países; en 1972, 11.000 participantes de dieciséis países, y para 1973 ya había 20.000 participantes. El clímax fue en 1976 cuando la conferencia alcanzó 30.000 participantes. Estos números claramente denotaron la necesidad de organizarse de una nueva manera; por lo tanto, se decidió organizar conferencias regionales. Sin embargo, el hecho asombroso fue que una de las primeras conferencias regionales en 1977 en Atlantic City, Nueva Jersey, excedió la asistencia de las conferencias nacionales anteriores, reuniéndose 37.000 participantes.

Desde sus primeros días, la RCC tuvo un interés especial en las comunidades de alianza. Una de las más populares es la llamada *Word of God*, fundada en 1967. Ésta fue iniciada por católicos, pero con una identidad y composición ecuménica, al igual que muchas otras comunidades. En el comienzo, el modelo de estas comunidades de alianza fue el de "*household*", como el teólogo e historiador Peter Hocken describe:

> Un grupo de miembros comunitarios comprometidos a un estilo de vida corporativo y viviendo bajo el mismo techo. Más tarde el "*nonresidential household*" vino a referirse a grupos pequeños de personas no viviendo bajo el mismo techo que se reúnen frecuentemente para compartir los alimentos,

> alabanza, adoración e intercambio personal. La comunidad de alianza expresaba tanto las obligaciones como la visión aceptada por los miembros, incluyendo el compromiso a una disciplina de oración personal, participación en las reuniones comunitarias, y aceptación de la autoridad de los líderes pastorales, generalmente llamados coordinadores.[3]

Estas comunidades de alianza fueron fundamentales para el desarrollo, expansión y entendimiento de la identidad de la RCC.

Finalmente, la revista *New Covenant* jugó un papel clave en la expansión de la RCC, no solo en Estados Unidos sino alrededor del mundo. En 1972 los suscriptores de la revista eran de unos noventa países y para 1975 había más de 60.000 suscriptores en más de cien países. Esta publicación es actualmente descrita como: "Revista líder de la espiritualidad católica. Es completamente a color, con una edición mensual dedicada a incrementar el conocimiento del poder del Espíritu Santo. Cada edición está comprometida a fortalecer la vida familiar y matrimonial, renovando sus relaciones con Dios y construyendo una vida espiritual más profunda".[4]

Aceptación de los obispos de Estados Unidos

La RCC ha experimentado varios conflictos no sólo en Estados Unidos sino alrededor del mundo, más específicamente en el ser aceptada por la jerarquía eclesial. En el decreto de 1975 de la Conferencia Nacional de Obispos Católicos acerca de la RCC, ellos expresaron diferentes preocupaciones, tales como la fidelidad a la Iglesia católica, la formación de líderes, el discernimiento de carismas, la obediencia al clero e integración en las parroquias, y los grupos de oración ecuménicos.

Una preocupación especial fueron los grupos de oración ecuménicos. Pero normalmente estos grupos de oración se reunían únicamente para alabar a Dios y ejercitar los carismas del Espíritu Santo y no para discutir cuestiones teológicas. Elba Baumeister, la primera coordinadora de la RCC Hispana en la Diócesis de Sacramento, California, solía asistir a un grupo de oración ecuménico. Su párroco le dijo que se preparara para defender su fe de los ataques provenientes de los protestantes en el grupo; sin embargo, ella expresó: "Yo nunca tuve que hacer esto porque nunca hubo un ataque. Sólo nos reuníamos para orar".[5] El encuentro en una fe común en el Espíritu hacía innecesaria una discusión doctrinal sobre diversos aspectos teológicos de posibles diferencias entre católicos y protestantes.

Más tarde, los obispos de los Estados Unidos promulgaron diferentes decretos apoyando el trabajo de la RCC. Unos de los más importantes es el Decreto Pastoral acerca de la Renovación Católica Carismática, que concluye con estas palabras:

> Deseamos hacer saber a los de la Renovación Carismática que nosotros hacemos propia la visión de Yves Congar: "La Renovación Carismática es una gracia para la Iglesia". Les aseguramos a aquellos en la Renovación Carismática del apoyo que ellos disfrutan de los obispos de los Estados Unidos, y los motivamos en sus esfuerzos para renovar la vida de la Iglesia.[6]

Alcance internacional

La RCC no identifica a ninguna persona humana como su fundador; por esta razón notamos que diferentes católicos, en diferentes países, fueron experimentando el bautismo en el Espíritu Santo en algunos ambientes protestantes alrededor de la misma época en que esta experiencia estaba sucediendo en Estados Unidos, pero éstos fueron momentos aislados. Sin embargo, estructuralmente hablando, la experiencia en la Universidad Duquesne fue el inicio de la RCC, aunque diferentes factores ayudaron a su expansión alrededor del mundo.

Unos de los primeros países en los cuales esta experiencia fue compartida por carismáticos católicos fue en Canadá, en Ontario en 1968 y en Québec en 1969 en una comunidad de habla francesa. Latinoamérica conoció la RCC desde 1969 cuando algunos católicos misioneros fueron a estos países. Sabemos que en 1971, Corea y Australia conocían la RCC, porque algunos de sus participantes asistieron a la Conferencia Anual en Notre Dame. Ese mismo año el movimiento arribó a dos universidades Europeas: *American College at the University of Louvain* en Bélgica y *Pontifical Gregorian University* en Roma. Esta última fue muy importante en la expansión internacional de la RCC porque muchos sacerdotes, religiosos y religiosas que estudiaban un par de años en esta universidad, posteriormente retornaron a sus países con la experiencia de esta corriente de gracia en Roma. Se fundaron nuevos grupos de oración y comunidades carismáticas en diferentes países debido al entusiasmo de sus experiencias durante esta década de los setenta.

La primera Conferencia Internacional de Líderes de la RCC fue en 1973 en Grottaferrata, una ciudad cerca de Roma y allí asistieron representantes de treinta y cuatro países. En 1975 la segunda Conferencia Internacional de Líderes fue en Roma, con representantes de cincuenta países. Un congreso tuvo lugar después de la conferencia con una asistencia de 10.000 personas que se reunieron con el cardenal Suenens y con el Papa

Pablo VI en la Basílica de San Pedro. Allí el Papa pronunció las famosas y conocidas palabras para la RCC: "¿Cómo, entonces, puede esta 'renovación espiritual' ser otra que una bendición para la Iglesia y para el mundo? Y, en este caso, ¿Cómo podemos nosotros fallar en tomar todos los medios en orden para que permanezca así?"[7] Estas palabras significaron, de una manera informal, la aprobación de la RCC por parte de la Iglesia católica. En diferentes ocasiones los Papas Pablo VI y Juan Pablo II dirigieron tres orientaciones principales a la RCC y sus líderes: fidelidad a la auténtica doctrina de la fe, el valor de los carismas extraordinarios y el alcance de la caridad.

Otra importante fecha histórica de la RCC alrededor del mundo fue en 1993 cuando el Vaticano oficialmente reconoció al ICCRS (por sus siglas en inglés) como un organismo para la promoción de la RCC alrededor del mundo. Otra fecha clave fue en 1998 con ocasión del año del Espíritu Santo en Roma cuando el Papa Juan Pablo II se dirigió a este movimiento con las siguientes palabras: "La Renovación Católica Carismática ha ayudado a muchos cristianos a redescubrir la presencia y el poder del Espíritu Santo en sus vidas, en la vida de la Iglesia y en el mundo". Todo esto señalaba que la RCC había forjado un importante lugar dentro de la Iglesia al ser oficialmente reconocida por el Vaticano.[8]

Latinoamérica

Debido a que este libro se concentrará en el desarrollo de la RCC en la comunidad hispana de los Estados Unidos, es importante presentar su desarrollo en Latinoamérica, especialmente tomando en consideración que la mayoría de los miembros de la RCC en Estados Unidos son provenientes de países latinoamericanos. Colombia fue el único otro país, paralelo a Estados Unidos, en el cual la RCC fue conocida en la comunidad católica en el mismo año. En octubre de 1967, el pastor Samuel Ballesteros visitó Bogotá y se reunió con el Padre Rafael García Herreros, fundador del *Minuto de Dios*, una organización que ha creado universidades, viviendas, servicios de salud y soporte corporativo, entre otros proyectos, a personas de bajos ingresos. Toda esta obra del *Minuto de Dios* ha estado marcada por una profunda espiritualidad de la Renovación Carismática. García recibió el bautismo en el Espíritu Santo y promovió la RCC alrededor de Colombia, especialmente a través de los miembros de su congregación—Los Eudistas. En 1969 la RCC arribó a Bolivia; más tarde, en 1970 fue conocida en México y Perú, luego en 1971 en Puerto Rico con la visita de diferentes misioneros católicos carismáticos provenientes de Estados Unidos.

La RCC se extendió en Colombia debido a varias personas claves con vínculos a la RCC en los Estados Unidos. En febrero de 1973, el primer ECCLA (Encuentro Católico Carismático Latinoamericano) se realizó en Bogotá y fue promovido especialmente por Francis MacNutt, un sacerdote dominico quien estuvo trabajando con la RCC en Estados Unidos. Una persona importante que promovió este movimiento en Latinoamérica fue Marilyn Kramar, una ex pastora protestante de las Asambleas de Dios quien vivió en Los Ángeles. Ella se convirtió al catolicismo romano y promovió esta corriente de gracia en Latinoamérica y en Estados Unidos entre las comunidades hispanas. En 1973 Marilyn se reunió con Monseñor Alfonso Uribe Jaramillo en Medellín, Colombia y lo introdujo a la experiencia de la RCC. Él se enamoró de este movimiento y llegó a ser una importante figura en su expansión, especialmente entre el clero. Él fundó el Retiro Sacerdotal Carismático Latinoamericano de la RCC que se realiza anualmente en La Ceja, Colombia.

Algunas estadísticas

Los números nos cuentan mucho de la historia de la RCC. Las siguientes estadísticas muestran de manera general el crecimiento de la RCC. En los sesenta y setenta se expandió rápidamente, especialmente en los Estados Unidos. En la década de los ochenta tuvo un constante decrecimiento y actualmente continúa en descenso especialmente en la comunidad de habla inglesa. Sin embargo, en otras partes del mundo como África, Asia y Latinoamérica la RCC continúa creciendo a una velocidad considerable.

El censo más reciente disponible del número de carismáticos es del año 2015. La RCC comenzó en 1971 en África y tiene 18.971.000 carismáticos católicos que representan el 9.3 por ciento de los católicos en África. En Asia comenzó en 1969 y tiene 28.846.000 participantes representando 19.3 por ciento de los católicos. En Europa comenzó en 1969 y tiene 6.291.000 representando un 2.5 por ciento de los católicos. En América Latina empezó en 1967 y tiene 111.780.000 católicos carismáticos representando un 22.4 por ciento de los católicos. En Oceanía comenzó en 1969 y tiene 293.000 participantes representando el 3.1 por ciento. Finalmente, en América del Norte comenzó en 1967, y en el año 2015 tenía 19.741.000 católicos carismáticos representando el 22.4 por ciento de la población católica. La RCC está presente prácticamente en todos los países del mundo, con alrededor de 15.4 por ciento carismáticos representando la población católica. Los cinco países con mayor número de católicos carismáticos son: Brasil, Filipinas, Estados Unidos, Colombia y México.[9]

Deseo también presentar las estadísticas para los Estados Unidos en mayor detalle para el propósito de este libro: en el año 2000 en el país existían 4.800 grupos de oración carismáticos católicos, 2.000 sacerdotes involucrados en la RCC y alrededor de 8.700.000 carismáticos católicos representando el 15 por ciento de la población católica.

En el año 2014, la universidad Boston College publicó un estudio titulado "Hispanic Ministry in Catholic Parishes: A Summary Report of Findings from the National Study of Catholic Parishes with Hispanic Ministry", el cual proveyó un informe resumido de los hallazgos de un estudio nacional hecho en parroquias católicas con ministerio hispano en Estados Unidos durante los años 2011 a 2013. Como resultado de una de sus encuestas, se encontró que alrededor de la mitad de las parroquias en Estados Unidos con ministerio hispano cuenta con un grupo de oración de la RCC en español, lo que equivale alrededor de 2.000 grupos de oración hispanos.[10]

Grupos étnicos carismáticos en Estados Unidos

Durante los últimos años la RCC ha estado experimentando un decrecimiento especialmente en las comunidades de habla inglesa en los Estados Unidos. Sin embargo, el movimiento continúa fuerte en diferentes grupos étnicos debido a la migración. Los inmigrantes han traído esta experiencia desde sus países o han sido introducidos a la RCC en este país y la han promovido entre sus comunidades nacionales. Muchos de los grupos de oración son en inglés, pero también existen grupos en otros idiomas tales como español, tagálog, criollo haitiano, coreano, portugués, vietnamita, polaco e italiano.

El *Catholic Charismatic Renewal National Service Committee* es la organización nacional de la RCC en los Estados Unidos. Este es un cuerpo de líderes que trabajan juntos para promover el movimiento en el país y es el vínculo de unión para todos los grupos y comunidades carismáticas en los diferentes estados de este país. Además, existen cuatro grandes grupos étnicos carismáticos católicos que están organizados de diferentes maneras: los filipinos, desde 1986, han tenido la Conferencia Anual de la Renovación Carismática Filipino-Americana y en 1996 fundaron la *Alliance of Filipino Catholic Charismatic Prayer Communities.* Los haitianos están organizados como *Le Conseil du Renouveau Charismatique Catolique des Haïtiens d'Outre-Mer* y tuvieron su primera conferencia nacional en Nueva York en 1990. Los coreanos en la RCC en Estados Unidos han mantenido redes de liderazgo por un buen número de años y cuentan con la organización *Korean Service Committee,* formado en 1992 por líderes que se reunieron en Newark, New Jersey, para ese propósito. Por último, pero no menos importante, la comunidad hispana está organizada como el Comité Nacional de Servicio Hispano (CNSH), creado en 1990. Debido al carácter de este libro, en la siguiente sección encontrarán mayor información acerca de esta organización.

Renovación Carismática Católica hispana

A finales de los ochenta, el *National Service Committee of the Catholic Charismatic Renewal* y la *Association of Diocesan Liaisons* formaron un comité, el *Joint Ad Hoc Committee,* para promover la unidad del crecimiento de la RCC entre los hispanos en los Estados Unidos. En mayo de 1989, se patrocinó una reunión nacional de líderes hispanos. En esta reunión empezó el proceso de discernimiento para conformar un comité nacional hispano. Los líderes rápidamente se independizaron de sus dos grupos patrocinantes. En junio de 1990, en el siguiente encuentro de líderes, los más de 140 líderes reunidos en Chicago, Illinois decidieron una estructura nacional. Esta estructura consta de cinco miembros del Comité Nacional de Servicio Hispano (CNSH) y representantes de las ocho regiones pastorales en que han dividido el país para el servicio de la RCC. Desde 1990 ha existido una reunión anual de líderes llamada Encuentro Católico Carismático Latino de los Estados Unidos (ECCLE). El CNSH también ha organizado miniconferencias hispanas en las conferencias nacionales de *Catholic Charismatic Renewal* (CCR); colaboró con la Conferencia Nacional de la CCR en Pittsburgh en 1992, 1997, 2002, 2007, 2012, 2017 y con el Congreso Nacional de la CCR en 1996. En 1999 el CNSH organizó su primera conferencia independiente en Miami, Florida.

Al realizar este emocionante recorrido de la historia de la RCC a nivel mundial y de una manera especial en la comunidad hispana de los Estados Unidos, vemos cómo el Espíritu Santo continúa moviéndose poderosamente en la humanidad. Por tanto, entraremos a analizar en más detalle cuáles son los principios, objetivos, ideales y metas que promueve esta Renovación en el Espíritu Santo, de una manera particular dentro de la Iglesia Romana católica.

Preguntas para reflexionar y dialogar

1. ¿Qué fue lo que más te impactó de la historia de la RCC? Comparte lo que conoces de la historia de esta corriente de gracia en tu parroquia o diócesis.

2. El Papa Francisco ha hablado varias veces a la RCC de la importancia de trabajar en un ecumenismo espiritual. Por ejemplo, en la Plaza de San Pedro, el viernes 3 de julio de 2015 dijo:

   > Existe otro signo fuerte del Espíritu en la Renovación carismática: la búsqueda de la unidad del Cuerpo de Cristo. Vosotros, carismáticos, tenéis una gracia especial para rezar y trabajar por la

> unidad de los cristianos, porque la corriente de gracia pasa por todas las Iglesias cristianas. La unidad de los cristianos es obra del Espíritu Santo y debemos rezar juntos. El ecumenismo espiritual, el ecumenismo de la oración.[11]

¿Qué entiendes por ecumenismo espiritual?, teniendo en mente que el objetivo final del ecumenismo, es la plena comunión de todos los bautizados en la profesión de la misma fe, la celebración de los mismos sacramentos, bajo el cuidado de los mismos pastores. ¿Cómo podemos motivar a la RCC a trabajar más por la unidad de los cristianos?

3. ¿Qué te llama la atención de las estadísticas con respecto al alcance de la RCC, particularmente en la comunidad hispana en los Estados Unidos? ¿Cómo se puede trabajar con la RCC para ayudar a más personas a ser conscientes de la presencia del Espíritu Santo en sus vidas?

2

Identidad de la Renovación Carismática Católica

Este capítulo se concentrará en ofrecer algunas reflexiones pastorales y teológicas para profundizar en la experiencia y naturaleza de esta corriente de gracia.

Naturaleza de la RCC

En primera instancia podemos situar a la RCC como uno de los movimientos eclesiales, de la Iglesia, siendo uno dentro de una gran variedad, todos en la actualidad una bendición y un reto para la Iglesia moderna. Así lo afirmó varias veces el cardenal Ratzinger, quien posteriormente se convertiría en el Papa Benedicto XVI: "Por consiguiente, recomiendo que los movimientos eclesiales se extiendan y que se usen para dar un nuevo impulso a la vida cristiana y a la evangelización, dentro de una vista plural de las formas en que los cristianos pueden asociarse y expresarse".[1] A su vez, y en consonancia con Ratzinger, la RCC, al igual que muchos otros movimientos eclesiales, en ocasiones retará e incomodará a ciertas estructuras de la Iglesia, siendo esto esencial para tener una constante renovación: "Existe la estructura permanente básica de la vida de la Iglesia, lo que da continuidad a la organización de la Iglesia a través de la historia, y hay siempre renovadas irrupciones del Espíritu Santo, que no se cansa de revitalizar y renovar esta estructura. Pero esta renovación casi nunca ocurre enteramente sin dolor y fricción".[2]

La RCC, tal vez sea muy reconocida por sus alegóricas expresiones externas, tales como la alabanza, la danza, la música, la oración en lenguas, entre otras. Pero realmente este movimiento es más que grupos o asambleas de oración, que grandes conferencias carismáticas, que seminarios de iniciación o crecimiento en el Espíritu—es mucho más que todo eso. Yo la defino como un "estilo de vida", es decir, vivir igual que Jesús, guiados por la fuerza, el poder y el amor del Espíritu Santo. Aunque todo lo descrito anteriormente forma parte de las expresiones visibles de la RCC, realmente esta corriente de gracia, al ser reconocida por la Iglesia católica como un movimiento eclesial, significa vivir veinticuatro horas al día, siete días a la semana siguiendo las huellas de Cristo.

La RCC tiene varias características interesantes. A diferencia de los demás movimientos eclesiales, ésta no tiene un fundador específico. Así mismo, no fue que Dios le reveló a alguien un carisma específico para desarrollar en este movimiento. Tampoco tiene una lista de miembros, ni se necesita seguir un proceso de iniciación para tener una membrecía dentro de ella. Más aun, una de las características de la RCC es la gran variedad de expresiones, ministerios y comunidades. Aunque en el corazón, todas las personas que se sienten identificadas con ella comparten una experiencia específica. Por el punto anterior es por lo que han resonado en grandes corazones de líderes carismáticos las palabras del cardenal Suenens tratando de definir la naturaleza de la RCC: "Interpretar la Renovación como un 'movimiento' entre otros movimientos es mal interpretar su naturaleza; este es un movimiento del Espíritu ofrecido a la Iglesia entera y destinado a rejuvenecer cada parte de la vida de la Iglesia".[3]

En ningún momento pretende el cardenal Suenens presentar una superioridad de la RCC sobre otros movimientos eclesiales; al contrario, especifica cómo el llamado de esta corriente de gracia debe llevar esa experiencia del Divino Espíritu a diferentes ámbitos de la vida parroquial incluyendo los diferentes ministerios y apostolados, respetando sus carismas específicos y a la vez dejándose nutrir por ellos. Lo que pretende Suenens es motivar a que todo cristiano viva conducido por el Espíritu Santo; de ahí parte una analogía del mismo Suenens, que dice: "La Renovación Carismática no es un movimiento, sino el moverse del Espíritu Santo. Como movimiento desaparecerá ponto, apenas entre en la Iglesia y en la vida de la Iglesia. De hecho, una vez que el río se arroja en el mar, no se puede hablar ya de río. La Renovación Carismática es una corriente de gracia, es una sorpresa del Espíritu Santo".[4]

Por supuesto esto no significa cambiar la Iglesia, o crear una nueva, sino simplemente volver a sus raíces, recobrar su esencia como en las primeras comunidades cristianas y los primeros siglos del cristianismo; por eso es importante recordar el significado originario de la palabra renovar según el diccionario de la Real Academia Española: "hacer como de nuevo algo, o volverlo a su primer estado".[5] Charles Whitehead, expresidente mundial de la RCC, lo asegura diciendo: "La Renovación no trae nada nuevo a la Iglesia sino que simplemente revela y renueva aquello que ya posee".[6] Y Suenens lo ratifica, presentando cómo la RCC brinda una solución a uno de los puntos esenciales de la pastoral eclesial: "Creo que la Renovación Carismática da respuesta a una de las preguntas pastorales más urgentes a las que se enfrenta la Iglesia de hoy en día: cómo transformar a los cristianos nominales en auténticos cristianos".[7] Después de analizar la naturaleza de la RCC, entro a describir la experiencia fundamental que caracteriza a esta corriente de gracia, no sólo en la Iglesia católica sino en cualquier otra denominación cristiana.

Bautismo en el Espíritu Santo

En el año 2011 el ICCRS realizó un coloquio en Roma con el objetivo de tratar esta experiencia que está en el corazón de la RCC. Es así que como fruto de ese coloquio, se publicó un libro en varios idiomas, en el cual podemos encontrar una definición clara de esta experiencia: "Es una experiencia de vida transformadora del amor del Padre Dios derramado en nuestro corazón por el amor del Espíritu Santo, recibido a través de una sumisión al Señorío de Jesucristo. Aviva los sacramentos del Bautismo y la Confirmación, profundiza nuestra relación con Dios y con nuestros hermanos cristianos, enciende un fervor evangélico y equipa a las personas con carismas para el servicio y la misión".[8] Esta experiencia común en la Renovación Carismática es conocida como bautismo en el Espíritu o efusión de Espíritu Santo. Whitehead la define de una manera magnífica: "Es una experiencia personal de la presencia y el poder del Espíritu Santo, quien trae a vida en nuevas formas las gracias de nuestro Bautismo. El Espíritu Santo no solo enciende en fuego todo lo que ya hemos recibido, sino que viene de nuevo con poder para dotarnos con sus dones para el servicio y la misión".[9]

Yo la definiría como la experiencia a través de la cual el Espíritu Santo nos impulsa a utilizar los dones, recibidos en los diferentes sacramentos, y a la vez nos equipa con nuevos carismas para cumplir la misión a la que Él nos está conduciendo.

Carrillo Alday da unos elementos claves que describen lo que significa esta experiencia. Según este gran teólogo de la RCC, el bautismo en el Espíritu es una oración en fe, no es un acto sacramental. Es una nueva misión del Espíritu Santo. Es una gracia que actualiza y renueva las gracias ya recibidas. Es una gracia que libera de obstáculos y ataduras. Es una apertura total para recibir el Espíritu Santo. Es una nueva experiencia del Espíritu. Es principio de vida nueva, de un nuevo caminar en el Espíritu.[10]

Lo que claman los grandes líderes de la RCC a nivel mundial, que justifican que la misma no se puede quedar en un simple movimiento, es que todo cristiano debería experimentar el bautismo en el Espíritu Santo. Whitehead lo afirma diciendo: "Creo que esta gracia de Pentecostés es para todos y cada uno de los cristianos, hombres y mujeres".[11] Más aun, añade a su argumento con las siguientes palabras: "Aceptar el bautismo en el Espíritu Santo no significa unirse a un movimiento. Significa adoptar plenamente nuestra iniciación cristiana".[12] El teólogo Karl Rahner lo ratifica, explicando cómo muchos cristianos no aprovechamos esta gracia debido a que el mundo nos absorbe día a día: "Nosotros aceptamos e incluso como cristianos confesamos apoyados por la Escritura, que podemos tener esta experiencia del Espíritu, y debemos tenerla como algo ofrecido a nuestra libertad esencial. Esa experiencia se nos da, a pesar de que nosotros usualmente la pasamos por alto en la búsqueda de nuestra vida cotidiana y, tal vez, la reprimimos y no la tomamos lo suficientemente en serio".[13]

Estoy de acuerdo en que toda persona está llamada a recibir el bautismo en el Espíritu Santo, desde mi punto de vista. Yo lo experimenté en mi vida y fue aquello que me llevó a comprometerme cada día, usando los carismas recibidos, para servir a nuestro Señor Jesús, tratando de vivir un auténtico cristianismo. Pero a la vez opino, que tal vez falta una definición de vocabularios equivalentes, ya que estoy seguro de que muchas personas en otros movimientos apostólicos y eclesiales han recibido esta nueva efusión de Espíritu Santo, pero no lo titulan con este nombre que le da la RCC. A la vez, he visto también muchos líderes dentro de la comunidad hispana en los Estados Unidos que han vivido esta experiencia dentro de la renovación y luego se han ido a servir en otros movimientos seguros de que este bautismo en el Espíritu los impulsó a servir en estos nuevos apostolados.

La RCC, llamada a ser parte de la misión evangelizadora de la Iglesia, pide, se abre y recibe esta experiencia fundamental del bautismo en el Espíritu, segura de que ésta se da con un derramamiento de carismas, con el único fin de edificar la Iglesia; por eso Whitehead nos invita a lo siguiente: "Si queremos ser parte plena de la misión de la Iglesia necesitamos los dones del Espíritu Santo. Ellos nos vienen a través del bautismo en el Espíritu Santo, una gracia de Dios ofrecida libremente para todos. Pero debe ser una gracia deseada, pedida, obtenida y puesta en práctica".[14] Algunos frutos de la experiencia del bautismo en el Espíritu Santo son:

- Integración en la vida de la Iglesia
- Difusión de la cultura de Pentecostés
- Discernimiento pastoral
- Mantenimiento del fuego
- No sensacionalismo o falsas expectativas

- No elitismo y orgullo espiritual
- No división
- Santificación
- Oración y alabanza
- Amor a la Escritura, sacramentos, Iglesia, María y santos
- Carismas
- Sanación y liberación
- Rol del laico
- Evangelización
- Justicia social
- Ecumenismo
- Nuevas comunidades

Al dar un recorrido general por la historia de la RCC, hemos visto cómo el Espíritu Santo ha utilizado esta corriente de gracia para traer nueva vida a muchas personas y ambientes pastorales dentro de la Iglesia y del mundo moderno. Sin embargo, en muchos lugares se desconoce o mal interpreta su naturaleza, lo que crea ciertas acciones fundamentalistas causando conflicto en diversos ambientes ministeriales. Más aun, muchos líderes dentro de la RCC desconocen los objetivos claves que promueve este movimiento, lo que resulta en una falta de unidad de criterios y pérdida de una visión común. Basado en las fortalezas y debilidades que se han dado a través de la historia y debido a que el propósito de este libro no es sólo mostrar un contexto teórico de la RCC, sino el ver cómo ha desarrollado una pneumatología práctica a través de sus años de existencia, el próximo capítulo describirá los logros que la RCC ha tenido especialmente dentro de la comunidad de hispanos en Estados

Unidos, al estar viviendo estas experiencias y siguiendo estos objetivos. Al mismo tiempo, presentaré los retos que afronta para ser un instrumento más fiel a su misión.

Preguntas para reflexionar y dialogar

1. Si alguien que no conoce la Renovación Carismática Católica, te pide que le definas esta corriente de gracia, ¿cuál sería tu definición personal?

2. El cardenal Suenens dijo:

   > La Renovación Carismática no es un movimiento, sino el moverse del Espíritu Santo. Como movimiento desaparecerá ponto, apenas entre en la Iglesia y en la vida de la Iglesia. De hecho, una vez que el río se arroja en el mar, no se puede hablar ya de río. La Renovación Carismática es una corriente de gracia, es una sorpresa del Espíritu Santo.[15]

   ¿Cuál crees que es la diferencia entre movimiento y corriente de gracia? ¿Cuáles son sus similitudes?

3. Si ya has recibido la experiencia del bautismo en el Espíritu Santo, comparte en tu grupo cuáles son algunos efectos nuevos que has notado en tu relación con Dios y tus hermano/as.

4. ¿Crees que esta experiencia del bautismo en el Espíritu Santo debe ser para todo cristiano? Justifica tu respuesta.

3

Misión de la Renovación Carismática Católica

En la historia del cristianismo, en diferentes épocas, ha surgido la pregunta: ¿Quién es el Espíritu Santo? Lastimosamente, como lo afirmó el Papa Benedicto XVI, "para muchos cristianos sigue siendo el gran desconocido".[1] Unas décadas atrás se le pregunto al cardenal Suenens por qué él era un hombre de fe a pesar de la confusión en que se encontraba la humanidad. Hoy, en un mundo inmerso muchas veces en la incertidumbre y la confusión, se nos puede hacer esta misma pregunta y al igual que en Suenens debe brotar de nuestra mente y corazón la respuesta contundente: "Porque yo creo en el Espíritu Santo".[2] Por tanto, en la actualidad necesitamos reconocer la presencia de la Tercera Persona de la Trinidad actuando en el mundo moderno. Debemos profundizar en el conocimiento de esta persona divina, pero más aun, dejar que Él se mueva en nuestras vidas y siga obrando grandes prodigios como lo ha hecho a través de la historia de la humanidad.

En mi experiencia pastoral, en enseñanzas de formación dentro de la Iglesia católica, acostumbro a preguntar a la gente ¿Quién es nuestro Dios? Generalmente las personas responden: "Papá Dios", otros: "Jesús", ocasionalmente algunos dicen "el Espíritu Santo", y difícilmente se encuentra alguien que responda con seguridad "la Santísima Trinidad". Esto quizás se deba a que se ha desarrollado a través de los siglos una excelente cristología y muchos fieles acostumbran a tener una relación filial con el Padre Celestial, pero todavía carecemos de una sólida teología acerca del Divino Espíritu.

La pneumatología, es decir, la rama de la teología que se centra en el Espíritu Santo no había sido tan conocida. La pneumatología es un área teológica que ha sido desarrollada de una forma nueva en las últimas décadas, especialmente a la luz de las nuevas declaraciones del Concilio Vaticano II acerca del Divino Espíritu. En años recientes, han surgido muchas nuevas publicaciones describiendo y analizando la persona del Espíritu Santo, su acción en la Iglesia y su importancia en el trabajo pastoral. Aun así, la pneumatología es todavía un área en teología sistemática que necesita ser desarrollada más profundamente.

A la vez, en los nuevos movimientos eclesiales, y de manera especial en la Renovación Carismática Católica (RCC), se ha percibido un nuevo obrar del Espíritu Santo mediante sus dones y carismas extraordinarios. Muchos fieles laicos experimentan un moverse del Santo Espíritu, reciben gracias nuevas, sus vidas son transformadas y a la vez se sienten impulsados a llevar la Palabra de Dios al mundo que los rodea. Esto trae como consecuencia un gran liderazgo en los laicos y un nuevo compromiso con la evangelización. Aunque esto también causa ciertos conflictos debido a la carencia de formación en ciertas personas que empiezan a utilizar diferentes dones carismáticos en el proceso de evangelización. Es necesario reforzar el entusiasmo inicial y hacerlo viable mediante una sólida formación de estos líderes a fin de que utilicen sus dones de una manera beneficiosa para el pueblo.

Partiendo de este punto anterior, es importante desarrollar una teología práctica de la acción del Espíritu Santo en el mundo moderno. No basta con ser grandes conocedores de la Tercera Persona de la Trinidad si no estamos abiertos a su presencia y acción en cada una de nuestras vidas, pero a la vez no podemos estar ejerciendo de manera desmedida ciertos carismas sin conocer su importancia y correcto uso. Por eso es importante reconocer el gran complemento, en estas dos áreas, presentado por el teólogo Yves Congar: "Tratamos de conocer y enseñar. Somos conscientes de que no debemos pararnos ahí. En el cristianismo, el conocimiento es sólo camino para la comunión y el amor. Creemos firmemente en la unión necesaria entre el estudio teológico y la vida de alabanza".[3]

Una pneumatología práctica

De manera especial esta "pneumatología práctica" es un área teológica muchas veces controversial, no sólo entre los fundamentos teológicos de diferentes tradiciones cristianas, sino también dentro de la Iglesia católica, especialmente en la relación entre la jerarquía y los movimientos eclesiales. A causa de estos conflictos, es de vital importancia prestar especial cuidado al trabajo del Espíritu Santo en el diálogo ecuménico y analizar las implicaciones pastorales de este entendimiento. Para ello es clave ver la acción del Divino Espíritu en estos movimientos, prestando atención especial en la RCC, la cual en las últimas décadas ha presentado el movimiento de la Tercera Persona de la Trinidad de una manera extraordinaria en el mundo moderno. Es así, que los movimientos eclesiales deben promover una mejor formación en la teología sistemática del Espíritu Santo para los líderes y miembros de sus comunidades. Pero a la vez la comunidad de académicos teólogos, deben estar atentos al moverse actual del Divino Espíritu en estos movimientos, ya que son ellos los que están desarrollando una real pneumatología práctica.

Por todo lo mencionado anteriormente, es necesario profundizar en el conocimiento de la Tercera Persona de la Santísima Trinidad, en dos áreas fundamentales. En primer lugar, la parte doctrinal, es decir, desarrollar una mejor pneumatología sistemática. Y en segundo, promover una teología práctica del Espíritu Santo, en donde veamos cuál es su acción palpable dentro de la humanidad. En esta segunda área es que se desarrollará el presente capítulo con el fin de analizar en manera particular cuál es el aporte que la RCC puede brindar al futuro de la Iglesia católica dentro de los Estados Unidos de América.

Con el fin de responder a este desafío, el presente capítulo se dividirá en dos partes básicas. Primeramente, presentará el desarrollo de una nueva pneumatología a partir del Concilio Vaticano II. Sin embargo, el propósito de este libro no es sólo mostrar primordialmente una teoría del Espíritu Santo, sino ir más allá viendo el actuar del Espíritu en un ambiente pastoral concreto.

Por consiguiente, la segunda parte de este trabajo se concentrará en mostrar la acción del Divino Espíritu en la RCC. Frecuentemente este movimiento eclesial es identificado en dos extremos: en primer lugar, como de personas "expertas conocedoras" del Santo Espíritu. Ésta es la razón de tratar de proveer ciertos lineamientos claves de una teología del Espíritu Santo con el fin de que conozcamos más acerca de la Tercera Persona de la Trinidad, tanto los líderes de la RCC como cualquier otra persona interesada. En segundo lugar, muchos miembros de este movimiento son tildados de "locos" debido a las manifestaciones externas que presentan algunas veces, tanto en su manera de alabar a Dios, como en ejercer diferentes dones carismáticos. Para corregir esta extrema concepción proporcionaré un recorrido por los objetivos mundiales de la RCC. En otras palabras, trataré de explicar para qué existe la RCC y cuál es su misión.

Pneumatología en los documentos del Concilio Vaticano II

En varios documentos del Concilio Vaticano II podemos encontrar muchas referencias al Espíritu Santo, describiendo no sólo su entendimiento teológico, sino también su trabajo "pastoral" en la Iglesia. Aquí presentaré algunos de los textos claves del Concilio acerca de la Tercera Persona de la Santísima Trinidad. La Constitución Dogmática de la Iglesia (*Lumen Gentium*), en el artículo 12, describe como el Espíritu Santo actúa no sólo a través de los sacramentos y ministerios sino que Él está distribuyendo una gran variedad de dones a los laicos también:

> Además, el mismo Espíritu no solamente santifica y dirige al Pueblo de Dios por los sacramentos y los ministerios y lo enriquece con las virtudes, sino que "distribuye sus dones a cada uno según quiere" (cf. 1 *Cor* 12,11), reparte entre los fieles de cualquier condición, incluso gracias especiales, con las que los dispone y prepara para realizar variedad de obras y de oficios provechosos para la renovación y una más amplia edificación de la Iglesia según aquellas palabras: "En cada uno, el Espíritu se manifiesta para el bien común" (1 *Cor* 12,7). Estos carismas, tanto los extraordinarios como los más sencillos y comunes,

> por el hecho de que son muy conformes y útiles a las necesidades de la Iglesia, hay que recibirlos con agradecimiento y consuelo. Los dones extraordinarios no hay que pedirlos temerariamente, ni hay que esperar de ellos con presunción los frutos de los trabajos apostólicos, sino que el juicio sobre su autenticidad y sobre su aplicación pertenece a los que presiden la Iglesia, a quienes compete sobre todo no apagar el Espíritu, sino probarlo todo y quedarse con lo bueno (cf. 1 *Ts* 5, 19–21).[4]

Varias de las declaraciones del Concilio Vaticano II surgieron después de un análisis y discusión de diferentes borradores y posiciones teológicas. Este artículo 12 de *Lumen Gentium* fue aprobado por el Concilio después de una gran discusión entre dos cardenales, tal como describe Francis Sullivan:

> Dos nociones conflictivas de carisma fueron propuestas en el Concilio Vaticano II por los cardenales Ruffini y Suenens. Cardenal Ruffini quería restringir el término "carisma" a un fenómeno inusual que fue frecuente en la Iglesia primitiva, pero que ha llegado a ser relativamente escaso. Obviamente él estaba pensando en cosas tales como lenguas, profecía, sanaciones milagrosas y otras por el estilo. El cardenal Suenens, y el Concilio con él, propusieron una noción más amplia de carisma: como cualquiera de esos dones de gracia que equipan a las personas para alguna clase de servicio útil para la renovación y reconstrucción de la Iglesia. Algunos de estos son inusuales, pero la mayoría de ellos son generalmente ordinarios.[5]

Lumen Gentium 12 presenta un trabajo más inclusivo del Espíritu Santo, quién actúa no solo a través de la jerarquía de la Iglesia, sino que distribuye sus carismas a los laicos también. Pastoralmente estas declaraciones abrieron la puerta a hombres y mujeres laicos a estar activamente envueltos en el trabajo de evangelización. Esto implica abrirse a la acción del Espíritu Santo, recibiendo y usando sus dones para la renovación y restauración de la Iglesia. En el artículo tres del Decreto sobre el Apostolado de los Laicos (*Apostolicam Actuositatem*) encontramos una afirmación similar a la de *Lumen Gentium* 12, enfatizando el trabajo del Espíritu Santo a través de los laicos.

Entendiendo esta acción del Espíritu Santo en la Iglesia, podemos ver una nueva intuición dentro de ella. Ya no vemos una estructura jerárquica, sino una Iglesia en la cual cada quien tiene diferentes funciones y todos somos iguales a los ojos de Dios. No son únicamente los ministros ordenados quienes tienen la "autoridad" y responsabilidad de transmitir la fe, sino cada persona; con la luz y los dones del Espíritu Santo el laico debe tener un compromiso en el trabajo pastoral de la Iglesia. No existen posiciones o status diferentes según la clase de dones que tenga cada persona; al contrario, todos tenemos que vivir en comunión y amor usando nuestros dones para el bien de los demás.

Todos estos decretos nos conducen a entender mejor las diferentes manifestaciones del Espíritu Santo y cómo debemos interpretar su misión. Por ejemplo, del Decreto sobre la Actividad Misionera de la Iglesia (*Ad Gentes*) podemos caracterizar la misión del Espíritu Santo en Pentecostés como: primero, el cumplimiento de la promesa del Hijo de enviar el Espíritu; segundo, la manifestación pública de la Iglesia en el mundo; tercero, la inauguración de la misión universal de la Iglesia de predicar el Evangelio a todas las naciones; y cuarto la prefiguración de la universalidad de la Iglesia. Al mismo tiempo, *Ad Gentes* al igual que *Lumen Gentium* nos dice que la función propia del Espíritu Santo es traer unidad o *koinonía* a la Iglesia entera y al mismo tiempo distribuir diferentes dones jerárquicos y carismáticos.[6]

Ad Gentes también nos muestra como el Espíritu Santo nos ayuda a vivir esa vida de unidad en comunidad, porque nuestra meta es ser uno en el amor con Dios a través de nuestros hermanos y hermanas. En una línea similar, uno de los grandes teólogos, conocedor desde un punto no solo bíblico y sistemático de la acción del Espíritu, sino especialmente desde una teología práctica, es el predicador papal Raniero Cantalamessa, el cual nos invita a recibir también el don del Espíritu para insertarnos en la comunión trinitaria: "Las tres personas divinas se aman una a otra con un amor infinito, y ellos nos permiten entrar en su amor y nos hacen partícipes en él. El Padre nos ama con el amor con el que ama al Hijo, y nosotros podemos amarlo con el amor con que el Hijo regresa ese amor, es decir, en el Espíritu Santo".[7]

Muchos líderes de la RCC han visto que esta corriente de gracia a través de su misión ha sido una de las repuestas a la oración del Papa Juan XXIII al convocar el Concilio Vaticano II: "Dígnese el Divino Espíritu escuchar de la forma más consoladora la plegaria que ascienda a Él desde todos los rincones de la tierra. Renueva en nuestro tiempo los prodigios como de un nuevo Pentecostés".[8]

Objetivos de la Renovación Carismática Católica

Para ser considerado miembro de la RCC no es necesario tener una afiliación a cierta organización, o recibir ciertos cursos de integración específicos. Más aun, sin tener la RCC una estructura tal que coordine y organice de manera forzosa el funcionamiento de cada comunidad, han surgido a través de la historia de esta corriente, cinco objetivos básicos. Los diferentes organismos de red alrededor del mundo, tomando como base el ICCRS, han propuesto éstos como centrales en la vivencia de cualquier servicio, ministerio o comunidad carismática. Los cinco objetivos han servido para crear una visión común y han dado estructura a la misión de la RCC.

Presentaré de manera concisa cada uno de estos objetivos, como punto de referencia. Esto es para que todos aquellos interesados, primeramente en aplicar en sus vidas este círculo de gracias y seguidamente ejercerlo para tener un servicio más efectivo dentro de la Iglesia, puedan encontrar el camino. El primero consiste en tener una conversión personal a Jesucristo. Segundo, crear una apertura decisiva a la persona del Espíritu Santo. Tercero, y clave en el corazón de la RCC, es crear un ambiente para la recepción y uso de los carismas, fundamentado en la experiencia del bautismo en el Espíritu Santo. Cuarto, promover una evangelización en el poder del Espíritu Santo. Finalmente, motivar un crecimiento progresivo en santidad.

Deseo presentar estos objetivos como un método que la RCC debe seguir constantemente. Cada objetivo está ubicado en un orden cronológico, que se desarrolla de una manera radical una primera vez, pero luego es un círculo que debe estar repitiéndose constantemente en nuestras vidas y en nuestro servir a los demás.

Aquí cito los objetivos con el fin de que los podamos grabar en nuestra mente y vivirlos en nuestra misión y corazón día a día:

1. *Fomentar la conversión personal madura y continua a Jesucristo.*

La RCC existe no tanto para que las personas entren en un grupo de oración o en una comunidad, sino, por encima de todo, para que tengan un encuentro personal con Jesús, es decir, se enamoren de Jesús, lo acepten como el Señor de sus vidas y así empiecen un proceso de cambio para no vivir más en la carne sino en el espíritu, tal como san Pablo lo explica en la Carta a los romanos (capítulo ocho) hablando de la vida en el Espíritu.

2. *Fomentar una receptividad personal decisiva hacia la persona, la presencia y el poder del Espíritu Santo.*

Sabemos que en el Bautismo recibimos por primera vez el Espíritu Santo, quien empieza a habitar en nuestras vidas, como dice san Pablo en la primera carta a los corintios, "¿O no saben que sus cuerpos son templo del Espíritu Santo, que habita en ustedes y que han recibido de Dios?" (6,19). Sin embargo, muchos católicos no son conscientes de la presencia del Divino Espíritu en sus vidas. Con el objetivo de crear mayor conciencia de la misión del Divino Espíritu, la RCC busca que las personas se abran a la acción del Espíritu Santo, es decir, que en sus vidas exista una cabida más amplia a dejarse conducir por el Espíritu de Dios. Aquí juega un papel importante la sanación interior y liberación como ministerios de la RCC ayudando a las personas a purificar sus vidas, a sanar sus corazones para rendir sus vidas a la acción de la Tercera Persona de la Trinidad.

3. *Fomentar la recepción y el uso de los dones espirituales no solo en la RCC sino también en la Iglesia en general.*

Tal como vimos en *Lumen Gentium*, los carismas no son reservados a un grupo específico de personas, sino dados abundantemente por el Espíritu de Dios; de aquí que la RCC motiva a las personas a reconocer los dones que el Espíritu Santo les ha regalado, a pedir constantemente nuevos carismas, tal como san Pablo nos invita: "aspiren a los dones más perfectos" (1 *Cor* 12,31), para así ponerlos al servicio de Dios para la edificación de la comunidad. Basado en este tercer objetivo, la RCC promueve la experiencia del bautismo en el Espíritu Santo, analizada en el capítulo anterior.

4. *Fomentar el trabajo de evangelización en el poder del Espíritu Santo, incluida la evangelización de los que no asisten a la Iglesia, la reevangelización de los cristianos nominales, la evangelización de la cultura y las estructuras sociales.*

La RCC es conocida por su fuerza evangelizadora, pero cabe notar que, para ser fiel a su misión, su evangelización debe ser no sólo de palabras sino también de signos y señales. La RCC basa su llamado evangelizador de una manera especial, en el mandato misionero de Jesús al final del Evangelio de San Marcos: "Ellos fueron a predicar por todas partes, y el Señor los asistía y confirmaba su palabra con los milagros que la acompañaban" (*Mc* 16,20). Es así que la RCC proclama la Buena Nueva de la resurrección de Jesús acompañada de acciones extraordinarias de Dios tales como profecías, sanación, entre otras.

5. *Fomentar el crecimiento continuo de la santidad mediante la integración adecuada de estos énfasis carismáticos con la vida plena de la Iglesia.*

Aunque los carismas son claves para la misión evangelizadora de los servidores de la RCC, somos conscientes que los carismas no son signos de santidad, sino solo herramientas que Dios nos regala para nuestra misión. Lo importante son los frutos del Espíritu (cf. *Gl* 5). Es así, que la RCC nos invita a vivir el llamado universal a la santidad, escuchando las mismas palabras de Jesús, "Sean perfectos como es perfecto el Padre que está en el cielo" (*Mt* 5,48).

Seminarios de Vida en el Espíritu

Tal vez la herramienta más poderosa de evangelización que Dios le ha regalado a la RCC para cumplir su misión son los Seminarios de Vida en el Espíritu. Estos son considerados como "el seminario de introducción" a esta corriente, también identificado con nombres tales como Seminarios de Vida Nueva o Seminarios de Iniciación, entre otros, pero que se refieren a la misma realidad. Algunas de sus características son:

- Los Seminarios de Vida en el Espíritu son oportunidades privilegiadas de evangelización.
- Tienen el propósito de suscitar un encuentro personal con Jesucristo y de aceptación de su señorío, lo cual es una experiencia fundamental para nacer a la vida de la fe.
- Están enfocados fundamentalmente a anunciar el *kerygma*, o la Buena Noticia de la salvación.
- El objetivo fundamental del seminario es llegar a la experiencia de recibir el bautismo en el Espíritu Santo.
- Son espacios de un encuentro vivencial con la Santísima Trinidad. La sencillez y la intensidad de la experiencia de Dios son sus características más notables.
- Son cenáculos donde siempre está presente la Virgen María intercediendo por el bautismo en el Espíritu de sus hijos e hijas.

Los Seminarios de Vida en el Espíritu juegan un papel importante en unir a las personas en un contacto más estrecho con la Palabra de Dios. La manera como el Señor ha inspirado este seminario para lograr este objetivo es a través de: (a) proclamar el anuncio de la salvación de manera clara y sencilla; (b) compartir en pequeños grupos sobre los textos bíblicos que fundamentan los temas que se imparten; (c) dar testimonios, bien seleccionados, personales o de personas que han experimentado una fuerte transformación en su vida, al escuchar el anuncio del Evangelio; (d) dedicar momentos personalizados de oración para los participantes del seminario, y (e) suscitar el deseo de los participantes de vivir una profunda vida sacramental y vincularse de una manera activa a la vida eclesial (parroquias/grupos de oración).

Preguntas para reflexionar y dialogar

1. ¿Cuáles otros textos conoces de los documentos de la Iglesia que hablen del Espíritu Santo? ¿Puedes recordar o investigar algunos que hablen de manera especial de la acción del Espíritu Santo en la vida de los fieles?

2. ¿Por qué crees que todavía en muchos lugares el Espíritu Santo es el gran desconocido? ¿Qué puedes hacer en tu parroquia, comunidad, familia para que los bautizados sean más conscientes de que el Espíritu Santo habita en sus vidas? ¿Qué acercamientos prácticos podemos hacer para que las personas pongan al servicio de la Iglesia los carismas que el Espíritu Santo les ha regalado?

3. ¿A cuál de los cinco objetivos crees que se le ha dado más importancia dentro de la Renovación Carismática Católica? ¿Cómo puedes ayudar a los servidores de los grupos de oración a que aprendan y, más importantemente, a que vivan estos objetivos en su vida y ministerios?

4. ¿Cuál crees que es la característica especial de los Seminarios de Vida en el Espíritu que los han convertido en una efectiva herramienta de evangelización? ¿Conoces seminarios

similares en otros movimientos o grupos dentro de la Iglesia? ¿Con qué nombre se conocen?

4

Contribuciones de la Renovación Carismática Católica a la comunidad hispana de los Estados Unidos

La RCC ha sido a través de las últimas décadas una gracia para la Iglesia y para muchos católicos que han vivido esta experiencia. Esta corriente ha sido vital para muchos hispanos en los Estados Unidos, no sólo en su reinserción a la vida sacramental de la Iglesia católica, sino que ha creado para ellos un ambiente de comunidad cristiana, en el que pueden ejercer sus carismas, sin perder su identidad hispana y a la vez sentirse útiles en la misión evangelizadora y misionera de la Iglesia. Pero más aun, ellos, han encontrado en los grupos de oración y comunidades de alianza de este movimiento una nueva familia, especialmente todos aquellos inmigrantes que se encuentran lejos de sus familiares y seres queridos. Pero a la vez este movimiento se enfrenta a grandes retos y a un camino constante para vivir plenamente su misión dentro de la comunidad hispana de este país.

A continuación presentaré lo que ha significado la RCC para muchas personas alrededor del mundo, pero particularmente para los hispanos que viven en los Estados Unidos. Además entremezclado proyectaré hacia dónde va esta corriente de gracia, los retos que afronta y lo que brindará al futuro del catolicismo hispano en este país.

Experiencia de vida en el Espíritu

En primer lugar, un punto clave en la misión de la RCC es crear el ambiente necesario para vivir como hombres y mujeres del Espíritu. Según Diego Jaramillo, "La vida cambia y obtiene una gran seguridad cuando la entregamos alegremente al Divino Espíritu y le pedimos que la dirija y conduzca como Él quiera".[1] Esto implica por tanto vivir una vida auténticamente cristiana, ya que a pesar de que no perdemos nuestra libertad e individualidad, es el mismo Espíritu quien nos ilumina para tomar las decisiones correctas en nuestras vidas.

Somos seres humanos que formamos parte de una sociedad; por lo tanto nuestra vida se encuentra sumergida en una cultura, tiempo y espacio determinado. Como cristianos, somos seres humanos que vivimos en el mundo. Jesús oró al Padre por sus discípulos diciendo: "No te pido que los saques del mundo, sino que los preserves del Maligno" (*Jn* 17,15). De aquí que es clave la asistencia del Espíritu Santo para vivir como un auténtico seguidor de Cristo a pesar de las dificultades que pueda presentar el mundo moderno. A la vez estamos llamados a ser una voz profética para, con la fuerza del Espíritu, transformar nuestro pensamiento y a su vez el mundo actual.

Basados en estas reflexiones anteriores es donde vemos cómo la RCC, brindando la experiencia del bautismo en el Espíritu Santo, ha sido un instrumento a través del cual Dios ha transformado la vida de muchos hispanos en este país, los cuales aceptando a Jesús como su Señor, han empezado a vivir una vida nueva en el Espíritu y a la vez se han comprometido en su servicio a la Iglesia y comunidad, tratando de vivir cada día como auténticos cristianos. Los aspectos más específicos que la RCC ha proveído a los hispanos para vivir la experiencia del Espíritu consisten de las comunidades de alianza, grupos de oración, formación de líderes, y ministerios.

Comunidades de alianza

Desde sus primeras décadas la RCC se convirtió en un gran florecer de comunidades de alianza, es decir, grupos de personas, en su mayoría laicos, viviendo en un lugar específico y compartiendo no sólo la oración, sino también todas las áreas de la vida cotidiana. Estas comunidades han permitido a muchas personas crecer espiritualmente y a la vez tener un poco de la experiencia de las primeras comunidades cristianas. Al mismo tiempo, por medio de ellas, ha surgido un gran número de personas que decidieron consagrar totalmente su vida a la evangelización. De aquí que el crear comunidad dentro de esta corriente de gracia es vital para vivir un nuevo Pentecostés diariamente, ya que siempre buscamos vivir la misma experiencia del Pentecostés original y Albert Mohler, famoso teólogo, afirma: "Cuando ellos recibieron la fuerza y la luz de lo alto, los líderes y los miembros de la Iglesia naciente no se habían dispersado por diferentes lugares, sino que se encontraban reunidos en un mismo lugar y tenían un mismo corazón, constituían una asamblea de hermanos. Cada discípulo se llenó de los dones de lo alto porque formaba una unidad moral con los restantes discípulos".[2] Por su parte, Suenens afirma que el cristianismo no se puede vivir en soledad: "El cristianismo y el individualismo son exclusivos. Vivir la vida cristiana significa esencialmente permitir que Cristo se convierta en la vida común compartida por los cristianos. Es dejar el Espíritu libre para construir en nosotros la Iglesia, en la diversidad y convergencia de sus dones complementarios".[3]

A pesar de que muchas veces se juzgó a los líderes de la RCC por "despreciar" la autoridad eclesial, muchos de ellos comenzaron a abusar de su autoridad, especialmente en las comunidades de alianza. Esto causó división entre grandes líderes: los que defendían esta autoridad y los que se oponían. Lastimosamente, esto llevó al cierre de diversas comunidades y algunos líderes prefirieron dedicarse solo a la misión evangelizadora. A pesar de todo, con el transcurrir de los años se ha aprendido de los errores del pasado y el Espíritu Santo ha mostrado mejores caminos para guiar a estas comunidades. Por eso actualmente alrededor del mundo se han organizado hermosas fraternidades para orientar de la mejor manera la vida de carismáticos que desean vivir esta experiencia. Comunidades como *Word of God* están vigentes alrededor del mundo, siendo de gran bendición.

Esta realidad de comunidades de alianza no se ha desarrollado grandemente en nuestros países de Latinoamérica. Esto a diferencia de los Estados Unidos donde existen grupos de oración con gran cantidad de miembros, pero tal vez esto mismo ha llevado a complicar un poco el conformar comunidades de alianza. Pero muchos de nosotros cuando arribamos a este país nos dimos cuenta del contexto en que se había ramificado la RCC. Muchos hispanos se han vinculado a estas comunidades, lo que les ha permitido no sólo tener la experiencia de vivir la vida de renovación en medio de ambientes multiculturales, sino que a la vez han encontrado ahí un grupo de hermano/as que los ayudan a tener una adaptación más rápida y suave a este nuevo país. Por otra parte, estas comunidades, donde generalmente muchos de los miembros americanos se encuentran en avanzada edad, ven en los diferentes miembros venidos de otros países, entre ellos los hispanos, el futuro de sus comunidades y ven también que ellos pueden comunicar esta vivencia en sus países de origen, donde otras personas puedan iniciar estas experiencias de alianza.

De manera especial en los Estados Unidos, las diferencias de culturas han sido un gran reto en la mezcla multicultural de las comunidades de renovación. Actualmente la RCC a nivel de habla hispana crece en gran manera en este país, pero lamentablemente, todavía en muchos lugares son considerados de "segunda", porque no se les concede igualdad con sus hermanos de habla inglesa. Por esta razón, en ciertos lugares, esta corriente de gracias de habla inglesa goza de grandes beneficios, tanto de recursos económicos, espacios adecuados, ministros con salarios tiempo completo, etc. Mientras que a muchos hispanos se les dejan sólo recursos secundarios.

Esto ha traído como consecuencia gran tensión y recelos entre ambos grupos. Dios es un Dios de unidad. Tal como en Babel se confunden las lenguas y la humanidad es confundida en su ideal de poder, así hoy el Espíritu Santo nos invita a vivir un nuevo Pentecostés en nuestro país, en el cual, a pesar de tener diferencias culturales y de idioma, seamos uno, unidos en los lazos del Espíritu. Si no vivimos en unidad, distribuyendo nuestros recursos de manera igualitaria, a ejemplo de las primeras comunidades cristianas, no lograremos realmente hablar de una correcta vida cristiana.

Grupos de Oración

Tal vez la manifestación externa más reconocida de la RCC son los grupos de oración. El estudio de la universidad Boston College del 2014 sobre parroquias católicas y el ministerio hispano observó que aproximadamente la mitad de las 4.300 parroquias de los Estados Unidos con ministerio hispano tienen un grupo de oración de la RCC, es decir, que existen más de 2.000 grupos carismáticos en el país.[4] Estos consisten en asambleas que se reúnen generalmente cada semana con el fin de juntos compartir la Palabra de Dios, alabar, orar, cantar y ejercitar diferentes dones carismáticos. Estas asambleas tienen gran variedad, desde grupos de adolescentes, hasta familiares, grupos conformados por tres hasta cientos de personas. Estos grupos han sido la clave para el seguimiento de las personas que han sido insertadas en este movimiento a través de alguna experiencia en un congreso, retiro, encuentro, etc. A la vez ha sido el lugar de encuentro primero con la RCC de personas en busca de alguna ayuda espiritual, económica, física, afectiva, etc.

Estos grupos han creado un ambiente adecuado para el crecimiento de líderes hispanos en los Estados Unidos, empleando los dones que el Espíritu Santo les ha proporcionado en diferentes ministerios y servicios. Se ha promovido fuertemente el gran rol de los laicos en el proceso de evangelización y formación dentro de la Iglesia. Pero lógicamente han existido en este liderazgo diversos tipos de conflictos. Primeramente, entre diferentes líderes dentro de la misma comunidad, la búsqueda de puestos, de poder, ha llevado a muchos líderes a olvidar el gran sentido de servicio, de entrega por el Reino de Dios. Estas riñas internas se han convertido muchas veces en una gran lucha por ser el primero y no el último como nos enseña Jesús. Jamás hay que olvidar que, si Dios nos está llamando a desarrollar determinado ministerio, abrirá los caminos y nos conducirá, a través del desarrollo amoroso y honesto de nuestro servicio, a los puestos donde Él nos necesite. Debemos saber que es el Espíritu Santo el único que nos da la gracia de poder desarrollar bien estos ministerios.

También ha existido rivalidad entre líderes de diferentes ministerios, organizando eventos, para ver quién atrae más gente, para ver cuál es más grande. Incluso existen grandes líderes carismáticos, que inmersos en la envidia, ni siquiera pueden ver o saludar otros líderes que comparten la misma visión. Jamás debemos olvidar el mensaje de Jesús: "Y el que no está contra nosotros, está con nosotros" (*Mc* 9,40). Por lo tanto, los líderes debemos alegrarnos por los triunfos en la evangelización de los demás, ya que nuestro único objetivo es que las demás personas se enamoren de Jesús y lo sigan. Es decir, que la gente viva como vivió Jesús, arraigados en el amor. Esto sólo se logrará cuando guiados por el Espíritu Santo ejerzamos nuestros ministerios fundamentados en la misericordia, renuncia, entrega y amor, dejando a un lado toda rivalidad, celos y envidia. Sabiendo que nuestro único deseo no es ser reconocidos, sino que la humanidad acepte a Jesús.

A pesar de estos retos, los grupos de oración han brindado el ambiente necesario para que muchos hispanos semanalmente se reúnan a alabar a Dios, y a profundizar en su Palabra. Pero sobre todo para tener un momento de convivencia con hermano/as que hablan su mismo idioma, lo que para muchos representa el oasis de una semana sumida en el trabajo, muchas veces pesado y agotador. En estos grupos de oración, muchos hispanos que han conocido la RCC en sus países se encuentran un par de horas en la semana como si se encontraran en su propio país, ya que con sus culturas y tradiciones pueden estar viviendo su religión y su experiencia carismática en un país que muchas veces puede ser aislante para el migrante.

Además, estos grupos de oración han motivado a muchos a no sólo dedicar dos horas a la semana a la oración, sino a tener una constante vida de oración personal. Incluso muchos han llegado a ser carismáticos contemplativos con una vida de oración para poder tener la gracia de vivir veinticuatro horas al día la experiencia del Espíritu, ya que el llevar una vida cristiana adecuada va cercanamente ligada a la profundidad de vida espiritual que tenga la persona. En esta misma línea, el gran teólogo moral James Gustafson nos enseña que "La alabanza y la oración de meditación son requisitos fundamentales de la vida moral cristiana. Es en la alabanza y oración de meditación donde la presencia de lo santo, el sentido de lo sagrado, la conciencia de la trascendencia, puede ser evocada y renovada en las personas y en la comunidad".[5]

Formación de líderes

La RCC se ha caracterizado por formar líderes laicos, por crearles un ambiente propicio para desarrollar sus carismas, y por promover fuertemente su liderazgo. Pero a la vez una de las grandes falencias y críticas que recibe este movimiento es el de una escasez de sólida formación. Frecuentemente suelo decir a los líderes hispanos de esta corriente de gracia que, a medida que nos formemos mejor, vamos a tener mayor aceptación en muchos lugares. Debido a este reto, han surgido en los últimos años escuelas de formación de la RCC hispana con el fin de educar mejor a sus líderes.

Uno de los grandes aportes del bautismo en el Espíritu, es el recobrar un amor y uso especial de las Sagradas Escrituras, pero muchos carismáticos la han tomado de una manera fundamentalista. De este punto, parten dos situaciones pastorales concretas dentro de la RCC: la primera consiste en dar una formación sistemática en el área de la teología bíblica a los diferentes coordinadores, predicadores y directores de oración dentro del movimiento, con el fin de evitar difundir una equivocada perspectiva de la vida moral cristiana. En segundo lugar, el fundamentalismo ha llevado a crear una serie de "requisitos" para ser servidor dentro de la RCC, es decir, que las personas tienen que llevar casi una vida "perfecta" para servir a Dios. Si no están cumpliendo una gran cantidad de leyes, se les impide servir, olvidándose de la misericordia de Jesús, la cual debemos imitar. Si aceptamos con amor a las personas, si les damos oportunidad de enamorarse cada día más de Dios, de ejercer los dones que el Espíritu Santo les ha regalado, seguramente estas personas cada día irán orientando sus vidas a la de Jesús, basados en el amor y no en la simple ley, guiados por la luz del Santo Espíritu.

Analizando el liderazgo dentro de la RCC siempre vienen a mi mente las palabras de Jesús "Te alabo, Padre, Señor del cielo y de la tierra, por haber ocultado estas cosas a los sabios y a los prudentes y haberlas revelado a los pequeños" (*Mt* 11,25). De manera particular veo este versículo reflejado en los líderes hispanos de esta corriente de gracia. A pesar de que muchos no han tenido los recursos económicos para obtener una educación académica en sus países o para tener la oportunidad de desarrollar las grandes cualidades que Dios les ha regalado, el Espíritu Santo los ha utilizado fuertemente en este país, fortificando esos dones de servicio y, por tanto, la RCC ha creado para ellos un ambiente en el que se sienten felices ya que pueden servir a Dios. Además, esta corriente promueve ambientes de formación en áreas religiosas, espirituales y de servicio para dar líderes hispanos a la Iglesia en este país.

A pesar de esta bendición que es el liderazgo que se ha formado entre hispanos, existe una tensa relación entre los movimientos eclesiales y la jerarquía de la Iglesia. Es decir, a pesar del gran aporte que presentan al trabajo pastoral de diversas parroquias y diócesis, estos movimientos crean a la vez grandes retos para los pastores a cargo de estas jurisdicciones eclesiásticas. En varias ocasiones el Papa Francisco ha expresado la gran importancia de los movimientos para la renovación de la Iglesia, motivando a los pastores a aceptarlos con amor. A la vez, pide a los movimientos aceptar el discernimiento y guías dados por los pastores. Esto en teoría sería la Iglesia ideal, pero siempre existen conflictos entre los líderes laicos y la autoridad eclesiástica. La RCC no escapa a esta realidad; es más, algunas veces considerados por la gran influencia pentecostal que poseen, se tilda a los líderes de "rebeldes" y "desobedientes".

En resumidas cuentas, el deseo del movimiento es siempre estar unido a la Iglesia católica. Como muchos líderes han expresado, somos una gran riqueza para el ecumenismo, para la unión de los diferentes cristianos, pero no queremos perder nuestra identidad católica. Los líderes de la RCC debemos entregarnos con todo nuestro amor al trabajo pastoral de la Iglesia, escuchar la voz de nuestros pastores, ser obedientes a sus llamados, sin que esto implique el silenciar y no dialogar cuando sentimos que estamos perdiendo la visión del movimiento. El cardenal Suenens siempre promovió la corresponsabilidad para buscar un real acuerdo común, es decir, no sólo seguir con una obediencia ciega, sino ver qué es realmente a lo que nos llama Dios, buscando con amor, a través del diálogo, un consenso común: "El cambio del paradigma pone la responsabilidad en lugar de la obediencia en el centro de la ética cristiana, y entre los católicos siguió haciendo hincapié en la 'corresponsabilidad en la Iglesia', la cual tomó lugar en el tiempo del Concilio Vaticano II, en gran parte a través de la influencia del cardenal belga, León-Joseph Suenens."[6]

La RCC es un ejemplo del llamado a la jerarquía eclesial a acoger con amor a los movimientos y a la vez orientarlos, aplicando el gran don de discernimiento concedido por el Espíritu Santo, tal como lo dice Pablo: "No extingan la acción del Espíritu; no desprecien las profecías; examínenlo todo y quédense con lo bueno"(1 *Ts* 5,19–21). Así juntos podremos llevar a cabo este concepto que propone Suenens basado en la corresponsabilidad, y a la vez presentar el camino de Jesús a los demás uniendo nuestras fuerzas en evangelización, tanto clero como laicos, con el enlace amoroso del Santo Espíritu.

Ministerios diversos: niños, jóvenes, matrimonios y familias

Desafortunadamente la RCC en la comunidad anglosajona carece de una renovación joven, esta se ha quedado una renovación adulta. Es decir, prácticamente sus grupos de oración están conformados por personas mayores, lo que básicamente hace que su ministerio se encuentre enfocado a este grupo generacional en particular. Durante las décadas anteriores se dieron varios focos de resurgimiento de este movimiento a nivel juvenil, pero con los años, éstos se fueron identificando como ministerios privados aunque llevando en sí toda la espiritualidad de esta corriente de gracia. A pesar de esta generalización hay que reconocer que en algunas comunidades en este país todavía se ofrecen ministerios para nuevas generaciones. Sin embargo, la RCC de habla hispana en los Estados Unidos presenta una gran gama intergeneracional de ministerios de niños, jóvenes, matrimonios, etc., los cuales describiré con más detalle a continuación. Esto forma parte de un gran fenómeno social, que reconoce cómo los hispanos han recordado el sentido de familia en los Estados Unidos y a la vez, junto con otros grupos étnicos, presentan más unión familiar y aportan las nuevas generaciones para el futuro de este país.

Ministerios para niños

En general la Iglesia católica en este país provee una excelente enseñanza catequética bien sistemática y estructurada para los niños. De ahí que existe un gran trabajo catequético para los niños y niñas hispanos también y, aunque algunas parroquias se obsesionan con que la catequesis deber ser sólo en inglés, vemos cómo la mayoría ofrecen mucha formación en español e incluso bilingüe, para que no sólo los niños y niñas se puedan formar en su idioma nativo o de sus antepasados. Esta inclusión es también para que los padres que sólo hablan español puedan acompañar a los niños y niñas en este proceso de formación en la fe. Por eso, la RCC se ha concentrado en brindar una formación catequética estructurada a los niños y niñas hispanos, por ejemplo con la organización de Seminarios de Vida en el Espíritu infantil. Pero más aun y como aporte muy único, este movimiento provee eventos de evangelización para menores. Es decir que los niños y niñas tengan sus propios espacios de evangelización, generalmente llamados Congreniños en los cuales ellos, a través de diferentes dinámicas (juegos, eucaristías adaptadas) puedan tener un encuentro personal con Jesús y recibir también una nueva efusión del Espíritu Santo.

Es con estos esfuerzos en la evangelización de los niños y niñas como la RCC visualiza el futuro de la Iglesia no sólo de habla hispana sino en general dentro de este país.

Pastoral juvenil

En mis años de trabajo pastoral, he notado en diferentes partes del país que la RCC de habla inglesa se ha quedado con escasos grupos de oración de jóvenes. Al mismo tiempo, he visto grandes comunidades juveniles hispanas de Renovación organizando multitudinarios congresos alrededor de los Estados Unidos. Pero todo esto se da con una particularidad específica: la mayoría de estos jóvenes son de segunda o tercera generación de inmigrantes hispanos. Muchos de ellos se sienten más cómodos hablando en inglés, pero quieren recobrar o mantener las tradiciones culturales y religiosas de sus familiares. Varios líderes de la RCC se han encontrado con el reto de tener que organizar conferencias para jóvenes latinos, pero con enseñanzas, animación y *marketing* completamente bilingüe. Por consiguiente, el futuro de esta corriente de gracia, no sólo hispana dentro de los Estados Unidos, sino también la de habla inglesa, dependerá de que los actuales jóvenes hispanos experimenten una nueva efusión del Espíritu Santo, se formen de la mejor manera doctrinal posible y se comprometan en la evangelización del mundo moderno. Y esta realidad no es sólo para la RCC, sino para la Iglesia católica en general.

Matrimonios y familias

Interesantemente, la pastoral matrimonial no es el pilar de la RCC. Esto es en parte debido a que se ha pensado dejar el deber de evangelización de matrimonios a otros movimientos, como al Encuentro Matrimonial Mundial entre otros. Esta realidad está cambiando, ya que en los últimos años se ha encontrado y contemplado el reto pastoral de llevar esta experiencia del Espíritu a las parejas.

Algunas diócesis han respondido a este reto desarrollado congresos matrimoniales. En estos eventos se brinda una nueva evangelización a estas parejas y a la vez se promueve una efusión del Espíritu Santo para aquellos que ya recibieron el sacramento del Matrimonio renueven las gracias ahí recibidas y a los que todavía no para que se motiven a recibir la bendición de Dios en su hogar. Esto ha traído como consecuencia que muchas personas se acerquen al sacramento del Matrimonio y que otras parejas restauren y renueven su vínculo matrimonial. A su vez, muchas parejas que han experimentado el bautismo en el Espíritu Santo han salido con este fuego a servir en otros movimientos eclesiales y grupos pastorales enfocados en la pastoral matrimonial.

Además, la RCC ha sido vínculo de unión para las familias. Años atrás, con el enfoque de estar trabajando en mi tesis de la maestría en estudios teológicos, realicé una encuesta a noventa líderes de la RCC. Éstos estaban reunidos en una conferencia regional con el fin de examinar su experiencia dentro de la comunidad hispana y ver cómo la proyectaban hacia el futuro. El promedio de servicio de estos líderes es de diez años y lo increíble es que la mayoría de ellos entraron a la RCC por medio de familiares. Esto nos muestra cómo las personas que han experimentado la vivencia en el Espíritu han compartido esto con sus familiares, no sólo con su ejemplo, sino también con sus palabras, lo que ha llevado a que muchas familias estén sirviendo juntas en esta corriente de gracia. A su vez, como explicó uno de estos líderes encuestado, la RCC une a las familias, lo que constatan los típicos congresos de renovación realizados en la mayoría de las diócesis, titulados congresos familiares, donde acuden a tener esta experiencia de renovación, padres, madres, hijos, hijas, hermanos, hermanas, etc., observando una gran renovación familiar.

De la misma manera, la RCC presenta una gran esperanza para las familias divididas de este país. Cuando varias familias hispanas se ven actualmente destruidas en este país, muchas veces por la gran crisis matrimonial, por la cultura individualista o, peor aun, por separaciones forzadas como el caso de división de familias debido a deportaciones, la RCC se presenta para que sean restauradas interiormente. Y para que aquellas familias que están separadas físicamente por la mismas fronteras que ha puesto la humanidad sepan que en el Espíritu no hay distancias y unidos en Dios encuentren fuerzas para seguir su caminar.

Nuevas vocaciones a la vida sacerdotal y consagrada

La Iglesia católica es consciente de la gran crisis que existe actualmente por la escasez de vocaciones hacia la vida sacerdotal y religiosa. Gracias a la capacidad económica de este país, todavía la Iglesia se da el "lujo" de importar sacerdotes provenientes de diferentes países, entre ellos una gran cantidad de sacerdotes hispanos. Pero, ¿qué sucederá cuando no haya más sacerdotes que traer?

La RCC en Latinoamérica ha sido cuna de muchas vocaciones. Recuerdo que del grupo de oración al que yo asistía en Colombia, unas cuatro compañeras se hicieron religiosas de clausura y lo interesante es que a su convento llevaron también la espiritualidad de esta corriente de gracia, teniendo grupo de oración semanal dentro del claustro. Además, otros cuantos compañeros son actualmente sacerdotes, varios de ellos asesorando a la RCC en diferentes diócesis. El estudio de la universidad Boston College del 2014 con respecto a las parroquias católicas y el ministerio hispano encontró que alrededor del quince por ciento de los sacerdotes hispanos en los Estados Unidos atribuyen el surgimiento de su vocación a la RCC.[7] Sin embargo, todavía es un reto para este movimiento dentro de la comunidad hispana de los Estados Unidos promover efectivamente las vocaciones a la vida sacerdotal y religiosa. Sin embargo, hay grandes esfuerzos actuales, de manera particular en los ministerios juveniles, donde en grupos de oración y congresos, generalmente se invita a seminaristas o sacerdotes a promover las vocaciones. Además, el testimonio de sacerdotes y religiosas que predican en los congresos y que viven la espiritualidad carismática ha ayudado a que muchos jóvenes se motiven a seguir su ejemplo.

Muchos líderes dentro de la RCC se quejan de que no cuentan con el apoyo del sacerdote para promover las vocaciones. Pero generalmente se refieren a que el sacerdote no comparte la espiritualidad carismática; de aquí la importancia de motivar a jóvenes a que vivan la experiencia y que en un futuro como sacerdotes tengan la formación adecuada para asesorar a este movimiento. También muchas diócesis invierten grandes sumas de dinero en traer seminaristas de nuestros países hispanos y formarlos aquí. Lastimosamente muchos de ellos no acaban su proceso de formación y se retiran antes de ser ordenados. Creo que muchos jóvenes llamados a la vida sacerdotal y religiosa se encuentran en nuestros grupos de oración de habla hispana, y de aquí viene el reto de motivarlos y a la vez, en caridad, poder proveer a sus necesidades económicas durante su tiempo de formación, ya que muchos de ellos incluso necesitan terminar sus estudios de secundaria para poder ingresar a los seminarios.

Proyección social

En la Iglesia generalmente la RCC es conocida como un movimiento de personas de profunda vida de oración y de evangelización, pero una de sus grandes debilidades es la proyección social. En primer lugar, debemos no sólo pedir perdón por no poner en práctica el amar a Jesús en los más necesitados, sino a la vez, como carismáticos por no aprovechar toda oportunidad para levantar nuestra voz profética, vocación a la cual hemos sido llamados, para retar toda injusticia social y estructural, tal como el académico Donald Gelpi nos recuerda:

> La conversión sigue siendo incompleta si no incluye un compromiso práctico y activo para poner fin a las estructuras sociales injustas que obligan a más y más estadounidenses a la pobreza y la falta de vivienda y que causan a la mitad de la raza humana hacer frente a la perspectiva realista de la muerte por hambre o de enfermedades relacionadas con el hambre. A pesar de todas sus virtudes, la renovación necesita desesperadamente arrepentirse y escuchar estas buenas noticias.[8]

Así como en la RCC vemos al Papa Juan XXIII como un gran precursor del derramamiento del Espíritu Santo en esta época moderna, debemos también imitar su ejemplo, especialmente su amor por los necesitados. Debemos de practicar las obras de misericordia, tal como él lo hacía incluso saliendo del Vaticano a escondidas para visitar a los encarcelados. De allí que este movimiento debe salir, no quedarse encerrado, y llevar el amor de Dios a los que lo necesitan, escuchando la voz del Papa Bueno: "Como ustedes no pueden ir a verme, entonces yo vine a verlos".[9]

A pesar de ser esta una de las fuertes debilidades de la RCC, muchas comunidades carismáticas han volcado sus esfuerzos en servir en ministerios. Estos son algunos de los grupos de servicio: visita a los enfermos, a la vez orando por ellos por una sanación física, pero sobre todo, llevándoles el amor de Jesús. Visita a presos: últimamente he oído de varias comunidades que han ido a las cárceles de este país, especialmente visitando y llevando Seminarios de Vida en el Espíritu a hispanos para que, a pesar de estar detrás de las rejas, experimenten la verdadera libertad que da el Espíritu de Dios. Dar de comer a los necesitados: algunos grupos de oración se han organizado para ir por las calles de diferentes ciudades, buscando hispanos sin hogar, para llevarles algo de comer y a la vez hablarles del amor de Jesús. También muchos grupos de oración y comunidades carismáticas han servido de enlace entre empleadores hispanos, ayudando a los nuevos inmigrantes o a aquellos que se han quedado sin empleo a poder obtener el sustento necesario para mantener sus vidas y familias. Es así que la RCC ha descubierto un nuevo llamado para ser instrumento de desarrollo de los hispanos en los Estados Unidos, no sólo espiritualmente sino también integralmente.

Carismas

Uno de los frutos básicos del bautismo en el Espíritu Santo es el derramamiento de carismas. De este modo, la RCC ha presentado un ambiente para que muchos hispanos ejerzan los diferentes carismas tanto ordinarios como extraordinarios que Dios les ha regalado para la edificación de la Iglesia. No es objetivo de este trabajo mostrar un desarrollo detallado de cada carisma, ya que los carismas son inagotables. Por tanto, deseo concentrarme en dos ministerios básicos en servicio de la comunidad hispana, en los cuales esta corriente se ha enfocado a servir usando diferentes carismas. Son la dirección espiritual junto con la consejería y la sanación interior.

Dirección espiritual y consejería

La RCC presenta una gran variedad de ministerios para ayudar a las personas a tener una mejor relación con Dios, consigo mismo y con los demás. Dos de ellos que han sido claves para el trabajo pastoral en la comunidad hispana son la dirección espiritual y la sanación interior. Analicemos en primer lugar la dirección espiritual o consejería. A muchos líderes laicos hispanos, reconocidos por su vida de oración y testimonio dentro de la RCC, se les busca para dar consejería ayudando a personas que necesitan tomar decisiones importantes en sus vidas. Hay momentos en que los dirigidos se encuentran envueltos en tal confusión, que ni siquiera son capaces de expresar sus ideas y mucho menos de tomar las decisiones correctas y precisan de ayuda. De ahí la importancia de que el director espiritual o consejero tenga un gran don de discernimiento y una gran unción del Espíritu Santo, para con amor y verdad guiar a sus dirigidos. Sin embargo, es finalmente el Espíritu Santo quien guía a cada persona: "San Juan de la Cruz recuerda a los directores con mayor insistencia que el director principal es el Espíritu Santo que trabaja en cada alma individualmente".[10]

Muchos inmigrantes hispanos que se han encontrado en un choque de culturas, en nuevos procedimientos legales, en nuevas maneras de orientar sus familias, etc. han encontrado en líderes dentro de la RCC el apoyo, no sólo para continuar y mejorar su vida espiritual, sino a la vez para adaptarse a los nuevos retos de este país.

Sanación interior

El otro ministerio es el de sanación interior. Se ha descubierto a través de años de trabajo en la RCC cómo muchos de los comportamientos inadecuados que presentan algunas personas en la actualidad, son causa de ciertas heridas y traumas que vienen incluso desde el vientre materno. Muchas personas ejercen este ministerio de sanación interior con el fin de que la gente se sane, de que sea feliz y de que pueda vivir un auténtico cristianismo. Para desarrollar este carisma, es básico el discernimiento, para saber cuál es la raíz del problema. Es así que el Espíritu Santo a través de dones de conocimiento, visión, don de lenguas con interpretación, entre otros, guía a las personas a descubrir la causa de los comportamientos y, junto con el don de sanación, a orar para que estas heridas sean sanadas, y que la persona pueda vivir en la libertad y en el amor de Jesús.

Nuestra comunidad hispana muchas veces ha estado marcada por una herencia de traumas. Muchos de éstos vienen desde el momento de la concepción, abusos de diferente índole durante la infancia y adolescencia, violencia familiar, más aún los hispanos que hemos llegado a este país tal vez hemos sufrido choques culturales, dificultades de adaptación por la nueva cultura, sistema e idioma, y lo que es peor aún, hemos sufrido discriminación y sido considerados inferiores muchas veces, lo que ha creado grandes heridas interiores. Muchos servidores dentro de la RCC dedican grandes horas de su tiempo a escuchar, aconsejar, pero más aun, a orar por tantos hispanos que necesitan ser sanados interiormente. Como fruto de este ministerio hemos visto personas restauradas, que recobran su autoestima y que siguen su caminar en este país con un espíritu de entusiasmo y alegría.

Vinculación a la vida litúrgica

La RCC ha sido escuela de motivación y formación para muchos ministros hispanos. Varias parroquias alrededor del país, para desarrollar su liturgia, cuentan con líderes provenientes de los grupos de oración sirviendo en ministerios tales como: lectura, música, bienvenida, ministros eucarísticos, catequistas, acompañantes de catecúmenos, etc. Éste es un gran fruto de la Renovación Carismática Católica en dos aspectos: en primer lugar, porque el objetivo de la RCC no es formar una "iglesia" paralela a la católica, sino que por el contrario, nuestros grupos de oración nos deben llevar a estar siempre vinculados a la parroquia y de una manera particular a su vida litúrgica. Segundo, porque muchos sacerdotes, a pesar de que no comparten la espiritualidad carismática, al ver el fruto de este movimiento de sostener y apoyar la pastoral parroquial abren las puertas a que se siga llevando esta experiencia del Espíritu en muchos lugares.

Ecumenismo

Alrededor del mundo y entre las diferentes denominaciones cristianas, la RCC ha sido reconocida como un instrumento clave de ecumenismo. De una manera particular esto se ha visto en las comunidades de alianza, especialmente en los Estados Unidos, donde éstas cuentan con miembros de diferentes denominaciones. Lamentablemente, hemos visto cómo en los países latinoamericanos no se encuentra un verdadero espíritu ecuménico. Muchas de las iglesias pentecostales siguen creciendo rápidamente, pero en vez de que, tanto católicos como pentecostales trabajen juntos en la evangelización, lo que se ha dado es un gran proselitismo y lucha para ver quién tiene la verdad. Hay que valorar el ecumenismo con las iglesias pentecostales, porque como líderes hispanos dentro de este movimiento debemos recordar el gran aporte que hemos recibido del pentecostalismo y de la renovación carismática de otras denominaciones cristianas.

Los pentecostales han enriquecido nuestra alabanza con sus grandes composiciones musicales, así como también nos han recordado ese derramamiento y uso de los carismas para la edificación de nuestra Iglesia. Por tanto, esta corriente de gracia ha sido, en primera instancia, un oasis en donde muchos hispanos amantes de sus tradiciones y religión ancestral encuentran una manera "pentecostal" de alabar a Dios. Pero a la vez la RCC hispana, al conocer la experiencia de ecumenismo entre sus hermanos de habla inglesa, está invitada a unir esfuerzos con nuestros hermanos de otras denominaciones para juntos dialogar sobre esta experiencia pneumatológica y evangelizar, llevando la experiencia común del bautismo en el Espíritu Santo a muchas personas.

En conclusión, la RCC ha sido una herramienta de Dios para ayudar a muchos hispanos a adaptarse a este país. Para este fin, esta organización espiritual ha logrado crear diferentes ambientes en que hombres y mujeres se sienten en familia y con sentido de pertenencia a una comunidad. En este punto han sido de vital importancia los grupos de oración y comunidades de alianza, los cuales han promovido el desarrollo de líderes, quienes sirven dentro de este movimiento y en otros ambientes pastorales de las iglesias locales.

Este sentido de comunidad ha elevado la valoración de muchos hombres y mujeres a que se sientan importantes y útiles en las manos de Dios. Conscientes de este reto de la formación (tanto espiritual, pastoral como teológica), la RCC ha impulsado la formación de institutos de formación en los cuales los líderes pueden conocer mejor las Sagradas Escrituras, la Iglesia y su movimiento particular. A su vez, la Renovación Carismática Católica impulsa a las personas a crecer en su vida de oración comunitaria e individual y fomenta una auténtica vida moral, evitando el fundamentalismo y promoviendo el concepto de corresponsabilidad tan reiterado por el cardenal Suenens.

La RCC hispana es una gran esperanza para el futuro de la Iglesia en este país. Ésta presenta una gama intergeneracional de ministerios, de manera particular enfocada en los niños y jóvenes, que promueve el desarrollo de un auténtico cristianismo, con el objetivo de formar líderes laicos y consagrados para servicio de tiempo completo en la comunidad. A su vez, la RCC fomenta la unidad familiar al promover una gran pastoral matrimonial para la renovación de las familias, influyendo a su vez en la sociedad norteamericana donde muchas veces se ha perdido el sentido de pertenencia familiar.

Finalmente, la RCC ha servido como un instrumento de ecumenismo y de renovación litúrgica. La RCC está promoviendo ceremonias más vibrantes y participativas en las cuales los hispanos puedan expresar sus diferentes tradiciones religiosas y culturales. También ha brindado a muchos en este país dirección espiritual y consejería, empleando para ello diferentes dones carismáticos con el fin de llevar sanación interior a los hombres y mujeres que han sido afectados por los diferentes factores culturales y sociales del nuevo ambiente de residencia. Es así que a pesar de las falencias que ha tenido la RCC en la proyección social a nivel mundial, ha estado envuelta activamente en este país en formar, motivar y ayudar a los hispanos a vivir la vida auténtica en el Espíritu en medio de la nueva sociedad que los rodea.

Por todos los puntos mencionados anteriormente, se ve que la RCC ha sido una gran bendición para muchos hispanos en este país. No sólo para apoyarlos en su vida espiritual, sino también en su vida sociológica, física, psicológica, familiar, entre otras. A la vez, fieles siempre a la misión a la que el Espíritu Santo la está guiando, y afrontando con perseverancia los retos que se viven en el presente y que se proyectan hacia al futuro, la RCC será un gran instrumento de Dios para la pastoral de la comunidad hispana y también de muchos habitantes de los Estados Unidos.

Preguntas para reflexionar y dialogar

1. Los grupos de oración de la RCC son el lugar privilegiado para que sus miembros puedan expresar abiertamente su manera de relacionarse con Dios. ¿Has asistido alguna vez o asistes regularmente a un grupo de oración de la RCC? ¿Cuál fue tu experiencia? ¿De qué elementos crees que carecía el

grupo para ser realmente carismático? ¿Qué elementos crees que en realidad no son parte de la identidad de la RCC?

2. ¿En tu experiencia personal y pastoral, crees que los participantes de la RCC tienen deseo de formarse? ¿Qué podemos hacer para que más miembros de esta corriente de gracia participen en los diferentes niveles de formación proveídos en nuestras parroquias y diócesis? ¿Cómo pueden los líderes de la RCC promover oportunidades de formación en áreas específicas de la RCC para sus comunidades?

3. ¿Cómo puede contribuir la Renovación Carismática Católica a la vida litúrgica de tu parroquia? ¿Cómo crees que los ministerios de música de la RCC pueden contribuir a las celebraciones litúrgicas, respetando el rito, pero sin perder su espiritualidad "carismática"?

4. ¿Cuál ha sido tu experiencia con respecto a la incorporación de jóvenes por parte de la RCC? ¿Ves esta corriente de gracia como fundamental para una efectiva pastoral juvenil?

5

Oportunidades para construir puentes pastorales

En esta época de la nueva evangelización, la Iglesia católica busca atraer a nuevas personas o hacer que aquellos que se han alejado retornen a vivir su fe nuevamente. Se han desarrollado muchas organizaciones, programas y planes pastorales para dar respuesta a este llamado. Es en este contexto donde los movimientos eclesiales como la RCC, particularmente dentro de la comunidad hispana en los Estados Unidos, juegan un papel vital para atraer a más personas a tener un encuentro personal con Jesús, a retomar su camino espiritual y a estar comprometidos a compartir su testimonio de fe con los demás.

Influencia de los movimientos eclesiales en la vida parroquial

Conforme va creciendo la presencia de los hispanos en la Iglesia, así mismo hemos visto el surgimiento de estudios e investigaciones sobre el papel que juega nuestra comunidad. El estudio de la universidad Boston College del 2014 sobre el papel del ministerio hispano en las parroquias católicas, previamente mencionado, nos reveló el papel y la importancia actual de los movimientos eclesiales dentro de la Iglesia de los Estados Unidos. Aquí están algunas conclusiones de la investigación:

- Dos terceras partes de las parroquias con ministerio hispano tienen al menos un movimiento que cuenta con un grupo de oración.
- En el 53 por ciento de las parroquias existen movimientos eclesiales que forman pequeñas comunidades de fe.
- Quince por ciento de los ministros hispanos reportan vocaciones al sacerdocio inspirados por un movimiento eclesial.
- En el 50 por ciento de las parroquias con ministerio hispano está presente la Renovación carismática.[1]

Motivada de alguna manera por éstas y otras estadísticas similares, últimamente, la Iglesia ha concentrado su atención en la RCC para ver cómo pueden ser útiles en los planes pastorales parroquiales, diocesanos e incluso nacionales. Sin embargo, en muchos lugares todavía existe una tensión entre los movimientos, entre ellos, la RCC y las estructuras eclesiales. Para ello, es clave construir puentes entre estas nuevas realidades de evangelización y las parroquias, lo cual ayudará a que con la fuerza evangelizadora de la RCC muchas personas se enamoren de Jesús y a la vez se inserten a la vida sacramental de la parroquia.

A su vez existe una cierta tensión entre diferentes movimientos eclesiales. Entre los grupos a veces se presentan el elitismo, la competencia y el autoritarismo, lo que lleva a algunos de ellos a perder su enfoque en la evangelización. Así mismo, en algunos lugares la RCC se encuentra en crisis de identidad, primordialmente porque se sienten debilitados. A su vez, están surgiendo con fuerza nuevos movimientos eclesiales en diferentes partes del país, pero muchos de ellos aún buscando una identidad. De aquí la necesidad de ayudar a la RCC y a cada movimiento a identificar, conocer y ejercer su carisma particular cumpliendo con los criterios de eclesialidad.

El que los movimientos eclesiales se conozcan entre ellos y que sean reconocidos por las estructuras eclesiales ayudará a que cada uno contribuya su grano de arena en la nueva evangelización y así poder tener parroquias cada día más vibrantes y activas, siendo cada parroquia una comunidad de comunidades.

Ideas de cómo construir puentes entre la RCC y las estructuras eclesiales

Algunas ideas de cómo construir puentes entre la RCC y las estructuras eclesiales:

- Integración de la RCC diocesana con las oficinas de ministerio hispano y evangelización.
- Constante y transparente diálogo entre la RCC, las parroquias y las diócesis.
- Integración de los miembros de la RCC en los programas de formación del ministerio laico.
- Proveer oportunidades de formación litúrgica y pastoral a los ministerios de música de la RCC.

- Nombrar directores espirituales que conozcan y valoren la espiritualidad de la RCC.
- Aprovechar la experiencia pastoral de servidores de la RCC en áreas de pastoral familiar.
- Involucrar a servidores de la RCC en la preparación sacramental, de manera especial en el sacramento de la Confirmación. Existen lugares en que la RCC provee Seminarios de Vida en el Espíritu para los que van a recibir el sacramento de la Confirmación.
- Organizar reuniones diocesanas para que los líderes de diversos movimientos eclesiales compartan experiencias de fe, conozcan sus misiones y puedan trabajar juntos en la evangelización.

Conclusiones y mirando hacia el futuro

La población hispana continúa creciendo día a día en los Estados Unidos. Ya sea por nuevos migrantes que se establecen en este país o por aquellos que nacen como ciudadanos americanos, pero con sus antepasados y raíces completamente hispanas. A su vez la mayoría de ellos son católicos, lo que hace que el crecimiento del catolicismo hispano siga expandiéndose también en los Estados Unidos. Muchos de los hispanos se encuentran frente a varios retos, tanto sociológicos como espirituales, en la adaptación a su nuevo lugar de residencia. Es así que la RCC ha sido una respuesta para pastorear y orientar a estas personas en sus diferentes caminos y horizontes. Esta corriente de gracia ha sido una gran herramienta para ayudar a los hispanos a incorporarse a este nuevo sistema, no solo a nivel religioso sino también social. Consecuentemente este movimiento presenta gran esperanza para el catolicismo en los Estados Unidos dando soluciones concretas a las limitaciones que se perciben dentro de esta corriente, aunque a su vez queda gran camino por delante, con retos por afrontar.

Muchas personas se identifican con la RCC especialmente en la población hispana. Pero algunos parecen proclamarse dueños del Espíritu Santo, o los únicos que a través de la historia de la humanidad, presentan una vida guiada por la efusión de la Tercera Persona de la Trinidad. Sin embargo, vemos cómo el Espíritu del Señor se ha estado moviendo a través de todos los siglos. Desde el Antiguo Testamento vemos su acción en diferentes personas, hasta llegar a su plenitud en Jesús, el cual lo prometió y derramó a sus discípulos. De aquí que esta corriente de gracia sólo sea un pequeño foco de esta gran efusión, recordando a la humanidad las promesas que Dios ha dado a través de la historia y que sigue derramando en la actualidad a todos aquellos que se abran a su acción. Por lo tanto, la RCC no pretende ser algo nuevo, sino el volver a las raíces del cristianismo, en las cuales las primeras comunidades cristianas vivían un permanente Pentecostés.

El propósito de esta corriente es promover la vida en el Espíritu, tal como la experimentaron muchas personas a través del cristianismo, personas que propusieron con su ejemplo, pero también con su ministerio profético varias reformas tanto al interior como al exterior de la Iglesia. De aquí que la RCC se presenta también como una gran esperanza de diálogo ecuménico dentro de las comunidades hispanas en este país. Ya que, compartiendo la experiencia única del bautismo en el Espíritu Santo, junto con diferentes miembros de otras tradiciones de fe cristiana, promueven una nueva efusión del Divino Espíritu en el mundo presente, enfocándose en el derramamiento de carismas extraordinarios, los cuales son para todo el mundo y para la edificación de la Iglesia. A su vez, muchos hispanos que desean tener una forma renovada y más entusiasta de alabar a

Dios, encuentran en los grupos de oración y "Eucaristías carismáticas", una manera de alabanza y adoración semejante a lo que pudieran encontrar en algunas ceremonias pentecostales, por lo cual este movimiento se presenta también como un lugar en que todos, sin dejar su tradición de fe, puedan glorificar a Dios de una manera nueva.

Mas aun, la relación íntima de la RCC con la Iglesia católica la lleva a tener un profundo ideal en aplicar los conceptos pastorales y frutos del Concilio Vaticano II, promoviendo al mismo interior de la Iglesia una fuerte renovación en la vida espiritual y pastoral, enfocados primordialmente en la formación de líderes laicos. En muchos lugares dentro del apostolado hispano, esta corriente sigue brindando grandes servidores comprometidos en la pastoral tanto parroquial como diocesana, lo que ofrece una gran esperanza al pastoreo de la comunidad hispana. Sin embargo, aquí es donde la RCC, si desea continuar dando un mejor servicio en la Iglesia, se presenta ante el reto de la formación.

Muchos líderes dentro del movimiento actúan con gran entusiasmo en el ejercicio y en la promoción de diferentes carismas, pero hay un gran déficit en el conocimiento de una moderna pneumatología. Los "miembros" de este movimiento son considerados como grandes conocedores de la Tercera Persona de la Trinidad; de aquí que este movimiento se enfrenta con el reto de promover una formación sistemática para sus líderes, no solo en el área pastoral sino también teológica. Como su propósito es renovar, debe volver a las fuentes patrísticas para recordar la esencia de la persona del Espíritu Santo, pero sobre todo, conocer y presentar la nueva pneumatología, fruto también de los documentos del Concilio Vaticano II. Así la RCC será modelo de cómo vivir una auténtica pneumatología práctica, en un conocimiento sistemático del Espíritu Santo, emparejado a una relación personal con la Tercera Persona de la Trinidad, y que eso se vea reflejado en la vida comunitaria.

A su vez la RCC se presenta como una esperanza no sólo de brindar líderes laicos a la iglesia, sino también de que, del seno de sus grupos de oración y comunidades de alianza, sigan brotando personas que se consagren totalmente a Dios, sirviendo en su llamado a la vocación como sacerdotes o religiosas. Esto brindará también al movimiento el objetivo de estar siempre sirviendo en el corazón de la Iglesia, y promoviendo la vida litúrgica, motivando a una participación activa dentro de las ceremonias, y también involucrando a muchos hombres y mujeres al servicio de diferentes ministerios.

El futuro de la RCC, no sólo hispana dentro de los Estados Unidos, sino en gran parte también de habla inglesa, dependerá de que los niño/as y jóvenes hispanos experimenten un derramamiento nuevo del Espíritu Santo, se formen de la mejor manera doctrinal posible y se comprometan en la evangelización del mundo moderno. Y esta realidad no es sólo para la RCC sino para la Iglesia católica en general. De esta manera, la comunidad hispana dará un gran aporte a la sociedad norteamericana también dentro del ámbito religioso y espiritual. De ninguna manera implica esto una superioridad sobre los diferentes grupos étnicos que habitan en este país; por el contrario, lo que se busca es que juntos, cada uno con los grandes aportes culturales, sociológicos, religiosos y espirituales, puedan conformar una comunidad de amor en que a pesar de nuestras diversas lenguas se hable únicamente el lenguaje del Espíritu. De ahí la gran importancia de seguir promoviendo en los Estados Unidos reuniones y congresos entre los diferentes grupos étnicos de este país, para juntos promover esta corriente.

A pesar del gran crecimiento que presentó la RCC en sus primeras épocas, se ha notado un estancamiento en diferentes lugares. La comunidad hispana no está exenta completamente a este fenómeno, aunque lo vive en menor escala. De aquí parten varios retos para el futuro de este movimiento en este país: en primera instancia es el que el movimiento tiene que salir de sus sitios de confort. Con esto me refiero a que no debe la RCC esperar a que la gente llegue a sus comunidades y grupos de oración, sino que debe salir a buscarlos. Hace un par de décadas se mencionaba que existía un grupo de oración carismático y las personas llegaban de manera multitudinaria a él. Esta dinámica ha cambiado, siendo así que los grupos se conforman con un número mínimo de integrantes, pero la RCC, atendiendo el llamado del Documento de Aparecida, deber ser misionera.

Pero, para ser eficaz en su misión, la RCC debe profundizar en los siguientes puntos claves. Primeramente, los líderes de esta corriente de gracia deben también formarse en fundamentos básicos de la RCC, en unificar criterios para trabajar por la misma misión teniendo una visión unitaria. Esto se logra profundizando en el conocimiento de los objetivos del movimiento a nivel mundial, y en aplicarlos en cada una de sus vidas, ministerios y comunidades. Esto implica conocer su naturaleza y entender que se está trabajando por un deseo común, que es implantar el Reino de Dios, sin vivir en rivalidad entre la misma RCC o con otros movimientos eclesiales, sino por el contrario buscar el único objetivo de que las personas sigan a Jesús.

Segundo, a pesar de haber crecido en los últimos años en este aspecto, la gran carencia de la RCC sigue siendo su compromiso social. Afuera, en los hospitales, orfanatos, asilos, empresas, colegios, calles, entre otros, hay miles de personas que necesitan experimentar la presencia de Dios. Si esta corriente de gracia desea continuar creciendo en calidad y cantidad, logrará su objetivo si realiza su obra de evangelización proclamando con palabras el mensaje de salvación, pero sobre todo con entrega de servicio a los más necesitados. No solo brindándoles apoyo económico sino también llevándoles la experiencia del Espíritu.

Tercero, se ha notado una decadencia en la recepción y uso de los carismas dentro diferentes comunidades y grupos de oración carismáticos de habla hispana. Estamos llamados a aprender de otros grupos étnicos en cuyas comunidades el ejercicio de dones extraordinarios es una vivencia diaria. Para esto se debe promover fuertemente la experiencia básica de la RCC, la cual es el bautismo en el Espíritu Santo. Ya que es fundamental para una evangelización eficaz que la predicación vaya acompañada de signos y señales, tal como lo dice Pablo: "¡Porque el Reino de Dios no es cuestión de palabras sino de poder!" (1 *Cor* 4,20).

Sin embargo, los carismas, por más extraordinarios que sean, no implican signo de santidad: lo que realmente muestra el estar viviendo una verdadera vida en Jesús son los frutos del Espíritu. Pero, como Raniero Cantalamessa lo explica, son fundamentales para el servicio en la Iglesia: "Al decir san Pablo que sin la caridad aun el más sublime de los carismas 'en nada me aprovecha', esto no significa que sin la caridad los carismas no aprovechen a nadie y se vayan al vacío; quiere decir solamente que no me aprovechan 'a mí'; aprovechan a la Iglesia, aunque no aprovechen a quien los posee y los ejercita".[2] Por eso finalizaré hablando de la esencia de este estilo de vida de la RCC, la cual es la santidad y el amor.

El vivir la vida en el Espíritu consiste en pensar, hablar, actuar, amar como lo hizo Jesús guiado por el poder del Espíritu Santo. La RCC crea un ambiente propicio para que las personas reciban y ejerzan dones carismáticos que usen para el bien de la comunidad (*koinonía*), además de evangelizar (*kerygma*) para que las personas sigan a Jesús y a su vez sirvan (*diakonía*) en la Iglesia, para alabar y glorificar a Dios (*leitourgía*) no sólo de palabra sino viviendo una auténtica vida cristiana. Pero, por encima de todos los dones carismáticos, debemos pedir el don de discernimiento para poder comprender la voluntad de Dios en nuestras vidas. Este don debe ir siempre complementado con el gran don del amor, ya que el fin de toda vida cristiana es la santidad, la cual no se expresa en los carismas extraordinarios sino en los frutos del Espíritu Santo, los cuales Pablo describe claramente: "el fruto del Espíritu es: amor, alegría y paz, magnanimidad, afabilidad, bondad y confianza, mansedumbre y temperancia" (*Gl* 5,22–23). Y esto no es obra nuestra, sino únicamente de Dios: "Sólo Dios es santo, y sólo él puede hacernos santos, en y a través de su Hijo encarnado y en y por medio de su Espíritu".[3]

Por consiguiente, la RCC está llamada a seguir creando en la comunidad hispana el ambiente necesario para vivir esta vida en el Espíritu, es decir vivir en el amor y santidad de Jesús. Pero para lograr este objetivo, está llamada a ser fiel a su misión, la cual siempre se encuentra en el dilema de no irse a dos extremos que existen en algunas comunidades hispanas en los Estados Unidos. En primer lugar, el irse al fanatismo y fundamentalismo extremo, el cual no es fruto de una verdadera guía del Espíritu Santo. Y el segundo, igual de delicado que el primero, es el no ser fiel a su llamado, opacando la obra del Divino Espíritu, por el solo hecho de no levantar críticas dentro de varios ambientes eclesiales y sociales.

Por todo esto lanzo el reto a la comunidad de RCC hispana dentro de los Estados Unidos a que siempre estemos impulsados por las palabras del cardenal Suenens hablando acerca del Espíritu Santo y de la autenticidad cristiana: "Tenemos que presentar una imagen muy diferente de un cristiano 'normal', exorcizando nuestros temores en frente de lo que podría aparecer como 'exageraciones' del Espíritu Santo. Es hora de cambiar nuestro vocabulario y dejar de llamar 'prudencia' a lo que es miedo, y 'sabiduría' a lo que es timidez, cuando nos enfrentamos a la implementación del Evangelio".[4]

Preguntas para reflexionar y dialogar

1. ¿Cuál ha sido la experiencia de integración y construcción de puentes pastorales entre la RCC y tu parroquia? ¿Entre la RCC y tu diócesis? ¿Qué pasos concretos puedes dar para ser agente de construcción de puentes pastorales entre la RCC y las estructuras eclesiales?

2. ¿Qué se puede hacer para que la RCC sea un agente de evangelización dentro de la parroquia y la diócesis, no sólo atrayendo personas a sus eventos y grupos de oración, sino también llevándolos a participar plenamente de la vida sacramental y pastoral de la Iglesia?

3. Después de leer este libro, ¿que es lo que más te ha influenciado en tu conocimiento de la RCC? ¿Qué es lo que más te ha ayudado para producir más frutos en tu trabajo pastoral? ¿Cuál sería tu recomendación para alguien que desea conocer más de la RCC o que quiere involucrarse dentro de esta corriente de gracia?

4. Te invito a que hagas un momento de oración espontánea pidiéndole al Espíritu Santo que se derrame de una manera nueva en tu vida, avive las gracias que Él te ha regalado y te dé nuevos carismas para la misión que Dios te encomienda.

Notas

Introducción

1. Beata Elena Guerra, *Rebirth in the Holy Spirit.* Archivos de la Casa Madre de la Oblatas del Espíritu Santo. Lucca, Italy.

2. Francisco, "Discurso del Santo Padre Francisco a los participantes en la 37 Asamblea Nacional de Renovación Carismática en el Espíritu Santo", 1 de junio de 2014, Libreria Editrice Vaticana, Disponible en línea en www.vatican.va.

3. Cardenal León-Joseph Suenens citado en el "Discurso del Santo Padre Francisco al movimiento de la Renovación en el Espíritu Santo", 3 de julio de 2015, Libreria Editrice Vaticana, Disponible en línea en www.vatican.va.

4. Francisco, "Discurso del Santo Padre Francisco a los participantes en la 37 Asamblea Nacional de Renovación Carismática en el Espíritu Santo", 1 de junio de 2014, Libreria Editrice Vaticana, Disponible en línea en www.vatican.va.

5. Francisco, "Vigilia de Pentecostés, 'Palabras del Santo Padre Francisco'", 3 de junio de 2017, Libreria Editrice Vaticana, Disponible en línea en www.vatican.va.

6. Francisco, "Discurso del Santo Padre Francisco al Movimiento de la Renovación en el Espíritu Santo", 3 de julio de

2015, Libreria Editrice Vaticana, Disponible en línea en www.vatican.va.

7. Francisco, "III Encuentro Mundial de Sacerdotes", San Juan de Letrán, julio de 2015, Disponible en línea en http://www.rcc-es.com/27-papa-sve.

8. Francisco, "Vigilia de Pentecostés, 'Palabras del Santo Padre Francisco'", 3 de junio de 2017.

1. Historia de la Renovación Carismática Católica

1. Juan XXIII, *Constitución Apostólica Humanae Salutis* (Vaticano, 1961), 23.

2. Patti Gallagher Mansfield, *Como un Nuevo Pentecostés* (Bogotá: María Santificadora, 2003), 164.

3. Peter Hocken en Stanley M.Burgess, *El Nuevo Diccionario Internacional de Movimientos Pentecostales y Carismáticos. Edición Revisada y Expandida* (Grand Rapids: Zondervan, 2002), 473. Traducción del autor.

4. www.shopping.com. Visitada Mayo 2009.

5. Elba Baumeister, entrevistada por el autor, grabación digital, Sacramento, CA. Mayo 2007.

6. Conferencia Nacional de Obispos Católicos, *Un Pronunciamiento Pastoral acerca de la Renovación Carismática Católica*, 1984.

7. Oreste Pesare, *Entonces Pedro se levantó . . . Colección de los discursos de los Papas a la Renovación Carismática Católica desde sus orígenes hasta el año 2000* (Ciudad del Vaticano: Servicios Internacionales de la Renovación Carismática Católica, 2000), 19.

8. Pesare, *Entonces Pedro se levantó . . . Colección de los discursos de los Papas a la Renovación Carismática Católica desde sus orígenes hasta el año 2000*, 71.

9. David B. Barrett and Todd M. Johnson, *World Christian Encyclopedia*, accessed 2018.

10. Hosffman Ospino, *Hispanic Ministry in Catholic Parishes: A Summary Report of Findings from the National Study of Catholic Parishes with Hispanic Ministry* (Boston, 2014), 17.

11. Francisco, "Discurso del Santo Padre Francisco al Movimiento de la Renovación en el Espíritu Santo", 3 de julio de 2015.

2. Identidad de la Renovación Carismática Católica

1. Joseph Ratzinger, "El Lugar Teológico de los Movimientos" en *Communio* (International Catholic Review, 1998), 480.

2. Ratzinger, "El Lugar Teológico de los Movimientos", 481.

3. Nancy Kellar, *Renovación Carismática: una Gracia, un Reto y una Misión* (Buenos Aires: Kyrios, 2001), 35.

4. Diego Jaramillo, *Renovación Carismática* (Bogotá: Corporación Centro Carismático Minuto de Dios, 1978), 14–15.

5. Real Academia Española. Diccionario de la Lengua Española, (Vigésima Segunda Edición). http:// www.rae.es.

6. Kellar, *Renovación Carismática*, 11.

7. Kellar, *Renovación Carismática*, 43.

8. Comisión Doctrinal ICCRS (Servicios Internacionales de la Renovación Carismática Católica), *Bautismo en el Espíritu Santo* (Ciudad del Vaticano, 2012), 15.

9. Charles Whitehead, *¿Cuál es la Naturaleza de la Renovación Carismática Católica?* (Londres: Centro de la Renovación Carismática Católica, 2003), 5.

10. Salvador Carillo, *Poder de lo Alto, El Espíritu Santo en los Evangelios y Hechos* (Ann Arbor: Servant Books, 1978), 45–52.

11. Kellar, *Renovación Carismática*, 35.

12. Kellar, *Renovación Carismática*, 54–55.

13. Karl Rahner, *El Espíritu en la Iglesia* (New York: The Seabury Press, 1979), 11. Traducción del autor.

14. Kellar, *Renovación Carismática*, 55.

15. Leon J. Suenens, *Documento de Malinas I, La Renovación Carismática: Orientaciones Teológicas y Pastorales* (Malinas-Bruselas, Bélgica, 1974).

3. Misión de la Renovación Carismática Católica

1. Benedicto XVI, "Mensaje con Ocasión de la XXIII Jornada Mundial de la Juventud 2008", Libreria Editrice Vaticana, Disponible en línea en www.vatican.va.

2. Francis Martín and Leon J. Suenens, *A New Pentecost?* (New York, NY: The Seabury Press, 1974), xii. Traducción del autor.

3. Yves Congar, *El Espíritu Santo* (Barcelona: Editorial Herder, 1991), 18–19.

4. Concilio Vaticano Segundo, Constitución Dogmática sobre la Iglesia: *Lumen Gentium* (1964), http://www.vatican.va.

5. Francis A. Sullivan, "El Contexto Eclesiológico de la Renovación Carismática". En el *Espíritu Santo y Poder. La Renovación Carismática Católica* (Garden City, NY: Doubleday, 1975), 136. Traducción del autor.

6. James B. Anderson, *A Vatican II Pneumatology of the Paschal Mystery* (Roma, Editrice Pontificia Universita Gregoriana, 1988), 293. Traducción del autor.

7. Raniero Cantalamessa, *Contemplando la Trinidad* (Fredeerick, MD: The Word Among Us Press, 2007), 104.

8. Diego Jaramillo, *Renovación Carismática*, 14–15.

4. Contribuciones de la Renovación Carismática Católica a la comunidad hispana de los Estados Unidos

1. Diego Jaramillo, *Renovación Carismática*, 41.

2. Albert Mohler en Alfonso Uribe, *El Espíritu Santo Actúa en Nosotros* (Bogotá: San Pablo, 1994), 50.

3. Yves Congar, *El Espíritu Santo*, 218.

4. Hosffman Ospino, *Hispanic Ministry in Catholic Parishes*, 18.

5. James M. Gustafson, *Teología y Éticas Cristianas* (Philadelphia: PA, United Church Press, 1974), 175. Traducción del autor.

6. Francis Martín and Leon J. Suenens, *A New Pentecost?* (New York, NY: The Seabury Press, 1974), 141. Traducción del autor.

7. Ospino, *Hispanic Ministry in Catholic Parishes*, 18.

8. Donald L. Gelpi, *El Reto Teológico de la Espiritualidad Carismática*. PNEUMA: El diario de la Sociedad para Estudios Pentecostales, 14:2, (Invierno 1992). Traducción del autor.

9. James F. Keenan, S.J., *The Works of Mercy: The Heart of Catholicism* (Lanham: Rowman and Littlefield Publishers, 2008), 17. Traducción del autor.

10. James F. Keenan and Joseph Kotva, *Practice What You Preach: Virtues, Ethics, and Power in the Lives of Pastoral Ministers and Their Congregations* (Franklin, WI: Sheed and Ward, 1999), 306. Traducción del autor.

5. Oportunidades para construir puentes pastorales

1. Ospino, *Hispanic Ministry in Catholic Parishes*, 17–18.

2. Raniero Cantalamessa, *Renovarse en el Espíritu* (México D.F.: Basilio Núñez, 1984), 117.

3. Yves Congar, *I Believe in the Holy Spirit* (New York, NY: The Seabury Press, 1980), 69. Traducción del autor.

4. Francis Martín and Leon J. Suenens, *A New Pentecost?*, 135. Traducción del autor.

Andrés Arango es el delegado del obispo para el ministerio hispano y director de evangelización en la diócesis de Camden, New Jersey. Ha servido en diversos ministerios de la Renovación Carismática Católica desde 1995, incluyendo dos turnos como presidente del Comité Nacional de la Renovación Carismática Católica en los Estados Unidos y Canadá. Originario de Colombia, se trasladó a los Estados Unidos en 2001.

Arango es presidente del Consejo Carismático Católico Latinoamericano y es consultor del Subcomité de Asuntos Hispanos de USCCB. Tiene un Masters en estudios teológicos de Franciscan School of Theology.

Él y su esposa, Kathia, son ministros laicos activos que enseñan y predican en retiros y conferencias por todo el mundo. Viven en New Jersey con su familia.